AV

Sonderveröffentlichung des Naturwissenschaftlichen und
Historischen Vereins für das Land Lippe

Band XXXVII

Norbert Hohaus

Das Anschreibebuch des Regierungsrates Christian von Meien für das Jahr 1832

Lebensverhältnisse einer Detmolder Beamtenfamilie im frühen 19. Jahrhundert

AISTHESIS VERLAG
Bielefeld 1991

Abbildung auf dem Umschlag:
Regierungsrat Christian von Meien. Lithographie von E. Ritmüller
nach einem Gemälde von J. Geißler

Die Deutsche Bibliothek - CIP-Einheitsaufnahme

Hohaus, Nobert:
Das Anschreibebuch des Regierungsrates Christian von Meien
für das Jahr 1832 : Lebensverhältnisse einer Detmolder
Beamtenfamilie im frühen 19. Jahrhundert / Norbert Hohaus. -
Bielefeld : Aisthesis-Verl., 1991
  (Sonderveröffentlichungen des Naturwissenschaftlichen
  und Historischen   Vereins für das Land Lippe ; Bd 37)
  ISBN 3-925670-42-4
NE: Naturwissenschaftlicher und Historischer Verein für
das Land Lippe: Sonderveröffentlichungen des Naturwissen-
schaftlichen ...

© Aisthesis Verlag Bielefeld 1991
Mühlenstr. 47, D-4800 Bielefeld 1
Satz: digitron GmbH, Bielefeld
Druck: WS-Druckerei GmbH, Bodenheim b. Mainz
Bindearbeiten: AJZ-Druck GmbH, Bielefeld
Alle Rechte vorbehalten
ISBN 3-925670-42-4

Inhalt

Vorbemerkungen 9

Das Anschreibebuch des Regierungsrates Christian von Meien .. 11

Die Verteilung der Ausgaben im Jahr 1832 35
   Zinsen, Leibrenten und ähnliche Verpflichtungen 35
   Ausgaben für Familienangehörige 36
   Ausgaben für eigene und andere Leute 39
   Der Haushalt des Regierungsrates 40
   Holz und Torf, Heu und Stroh 44
   Handwerkerrechnungen und Dienstleistungen 45
   Abgaben und Opfer 47
   Freizeit, Lektüre, Beiträge, Vergnügungen 47
   Sonstige Ausgaben 48
   Übersicht über die Ausgaben des Jahres 1832 49

Der Regierungsrat und spätere Regierungspräsident Christian
von Meien: eine Detmolder Beamtenkarriere in der ersten
Hälfte des 19. Jahrhunderts 50

Der Militärreferent Christian von Meien und sein
Militärauditeur Grabbe 60

Der Regierungsrat Christian von Meien: ein taktierender
Opportunist oder ein loyaler Konservativer? 69

Söhne (und Tochter) aus gutem Haus –
höhere Beamte und Offiziere. Standesgemäße Ausbildung
und zielstrebige Karrieren 77
   Julius von Meien 78
   August von Meien 80
   Theodor von Meien 83
   Emil von Meien 92

Wilhelm von Meien 94
Mathilde von Meien 101

"Der Unterhalt einer Familie in Detmold erfordert enorme
Ausgaben": Friedrich von Meien und das Ende
des aufwendigen Haushaltes 106

Anhang:

Briefe 115
Anmerkungen 129
Quellen 140
Literatur 142
Editorische Anmerkung 144
Abbildungen 145

Fürstlich=Lippischer
Calender

nach dem verbesserten Styl

auf das Schalt=Jahr Christi 1832.

worin

alle Feier= und Mondbättage, Catholische und Jüdische Feste, Mondesviertel, so auch ein= und ausländische Jahrmärkte

nebst

allerlei zur Stadt= und Landwirthschaft, und zur Erhaltung der Gesundheit dienliche Anmerkungen vorkommen.

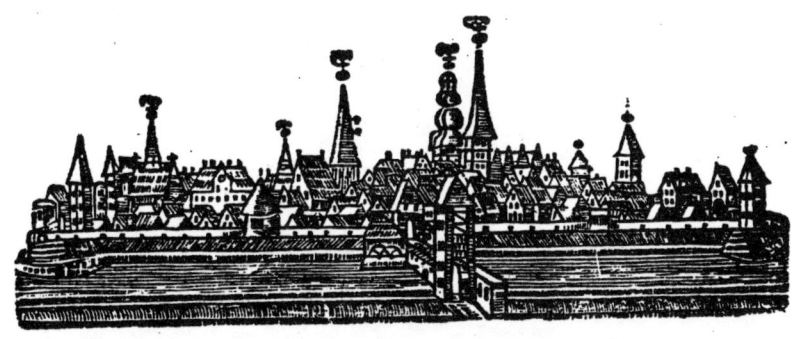

Lemgo,
in der Hochfürstl. Lippischen privilegirten Meyerschen Hofbuchdruckerey.

Der Fürstlich=Lippische Calender auf das Jahr 1832, den der Regierungsrat Christian von Meien als Anschreibebuch benutzte.

Vorbemerkungen

Während der Auditeur Christian Dietrich Grabbe im Jahre 1832 mit einem Tagesfixum von 1 rtl 12 gr auskommen mußte, gab sein Vorgesetzter, der Fürstlich Lippische Regierungsrat Christian von Meien, täglich durchschnittlich 12 rtl für seinen aufwendigen Haushalt aus. So kann man es jedenfalls in seinem Anschreibebuch für das Jahr 1832 nachlesen, in das er penibel Tag für Tag eigenhändig die Ausgaben auf Groschen und Pfennig genau eintrug, Gesamtjahresausgabe: 4379 rtl 28 gr 2 pf.

Diese Summe ist erstaunlich, da 1832 das feste Jahreseinkommen des Militärreferenten 1100 rtl betrug; dazu kamen noch Sporteln und ähnliche Einkünfte. War der Regierungsrat so vermögend, daß er es sich leisten konnte, in diesem Jahr das Dreifache von dem auszugeben, was er eingenommen hatte? Oder lebte er, um standesgemäß repräsentieren zu können, einfach weit über seine Verhältnisse? Jedenfalls ließ er es sich etwas kosten, um in der Residenzstadt zwischen Fürstenhaus und alteingesessenen Adels- und Bürgerfamilien nicht nur mithalten zu können, sondern auch einen respektablen Platz zu behaupten. Mag also diese Auflistung der Ausgaben nicht unbedingt typisch für alle Beamtenhaushalte von damals sein, so gibt sie doch interessante Einblicke in die Ausgabenverteilung einer renommierten Detmolder Familie in der ersten Hälfte des 19. Jahrhunderts.

Wer war eigentlich dieser Regierungsrat von Meien? Sein Name wird zwar immer wieder in der Literatur über jene Zeit erwähnt, aber es gibt über sein Leben und Wirken offensichtlich keine zusammenhängende Darstellung wie über Eschenburg, Ballhorn-Rosen oder die Petris, und das, obwohl von Meien über 50 Jahre lippischer Geschichte unter der Fürstin Pauline und den Fürsten Leopold II. und Leopold III. in treuen Diensten mitgetragen hat. Lag der Erfolg dieser beharrlichen Karriere gerade in seiner Loyalität, in seiner Anpassungsfähigkeit an die Wünsche seiner Fürsten? Konnte er sich von diesen abweichende Meinungen, wie sie seine Kollegen im Vormärz und in der folgenden Restaurationsphase immer wieder vorgetragen haben, schon aus familiären oder auch finanziellen Gründen gar nicht leisten? Ein standesgemäßes Beamtenleben hatte damals auch in Lippe seinen Preis.

Wenn hier mit der Veröffentlichung des Ausgabenbuches auch Fakten und Belege zum Leben und Wirken des Regierungsrates von Meien zusammengestellt werden, so soll damit der Hintergrund sichtbar gemacht werden, vor dem die Einzelausgaben verständlicher erscheinen. Außerdem soll ein kurzer Ausblick auf die späteren Lebensläufe der Kinder eröffnet werden, deren Namen im Ausgabenbuch erwähnt sind. Denn gerade der standesgemäßen Erziehung und Versorgung der Kinder kommt hier eine besondere Bedeutung zu, wie der hohe Kostenanteil beweist.

Schließlich soll das trotz erheblicher Unterschiede in der sozialen Herkunft durchaus freundschaftliche Verhältnis des Militärauditeurs und Dramatikers Christian Dietrich Grabbe (1801-1836) zu seinem Vorgesetzten, dem Militärreferenten von Meien, aufgezeigt werden, soweit dieses im Briefwechsel deutlich wird, weil der unterschiedliche Lebensstandard der beiden in einem auffälligen Kontrast steht. Grabbe scheiterte zuletzt auch an seinen miserablen finanziellen Verhältnissen. Er war kaum so kreditwürdig wie der angesehene Regierungsrat von Meien. Dennoch sollte sich Grabbes Schicksal, wenn auch in ganz anderen Dimensionen, beim ältesten Sohn des Regierungsrates, beim Militärauditeur Friedrich von Meien, wiederholen.

Auskunft über die Familie von Meien geben vor allem Personalakten, die Kirchenbuchkartei und der kleine Briefnachlaß im Staatsarchiv Detmold. Dessen Mitarbeitern danke ich für die sehr umsichtige Unterstützung bei der Suche nach Quellen und Belegen, besonders Herrn Dr. Niebuhr und Herrn Dr. Wehlt.

Norbert Hohaus   Detmold, im März 1991

Das Anschreibebuch des Regierungsrates Christian von Meien

Als Anschreibebuch diente dem Regierungrat Christian von Meien ein "Fürstlich=Lippischer Calender auf das Schaltjahr 1832."[1] Der Untertitel zählt auf, daß darin "alle Feier= und Mondbättage, Catholische und Jüdische Feste, Mondesviertel, so auch ein= und ausländische Jahrmärkte nebst allerlei zur Stadt= und Landwirtschaft, und zur Erhaltung der Gesundheit dienliche Angaben vorkommen". Der in der "Hochfürstl. Lippischen privilegierten Meyerschen Hofbuchdruckerey" zu Lemgo gedruckte Kalender ist in einen außen türkisblauen Pappeinband geheftet, der ein Etikett mit der handschriftlich aufgetragenen Jahreszahl 1832 trägt.

Neben den oben genannten Angaben enthält der Kalender weitere über das "Jetztlebende Fürstliche und Gräflich Lippische Haus", eine "Witterungs=Anzeige für das Jahr 1832 aus dem 100jährigen Calender" und belehrende Aufsätze über die Benutzung der Lippischen Sparkasse und die Kindererziehung. Schließlich findet man noch eine "Tabelle über Münzen", Maaße, Gewichte und sonstige Verhältnisse" und ein "Verzeichniß des Abgangs und der Ankunft der Posten zu Detmold".

Auf Leerseiten, die zwischen die Texte des Kalenders eingebunden worden sind, hat von Meien eigenhändig Tag für Tag die anfallenden Ausgaben eingetragen, in der Regel genau 23 Zeilen je Leerseite. Eine weiter hinten eingetragene Sonderaufstellung der Geldgeschäfte mit Pastor Capelle in Bremen ist sorgfältig saldiert und abschließend unterschrieben: "Detmold d.2.Aug.1833 v. Meien ./.".

Da die Großbuchstaben der handschriftlichen Eintragungen sich wenig voneinander unterscheiden und Endsilben oft verschlissen sind, bleiben einige Wörter schwer lesbar. Dennoch lassen sich über 50 Namen entschlüsseln, deren Identität vor allem mit Hilfe der Arbeiten von Fritz Verdenhalven über die Einwohner Detmolds im 19. Jahrhundert[2] erschlossen oder vermutet werden kann. Einzelne Belege bietet der kleine Briefbestand "Nachlaß von Meien"[3] im

Die Ausgaben vom 1.-14.1.1832

Detmolder Staatsarchiv. Hinweise finden sich in den "Lippischen Intelligenzblättern" jener Jahre und auch in der "Detmolder Chronik" des Regierungspedells Emmighausen.[4] Die Angaben über die Familie sind dem "Gotha"[5] entnommen und mit Hilfe der Kirchenbuch-Kartei des Detmolder Staatsarchivs überprüft.

Kalendereintragungen und Erläuterungen*

Jan	1. Rasur[1]	4 rthl		
	Pedell[2]	"	-	24 gr
	Mus[icus] Schmidt[3]	"	-	18 -
	Haushalt	10 -		" -
	2. An Julius[4]	60 -		" -
	Porto	"	-	18 -
	desgl wegen Fritz[5/6]	"	-	9 -

* Erläuterungen zu den Kalendereintragungen in den Fußnoten

---

1. Der *Raseur* kam sicher, wie damals üblich, täglich ins Haus; ein Soldat? Nach Verdenhalven ließ sich erst 1833 ein Raseur in Detmold nieder. (Reinlichkeitsbewußtsein und Hygiene im Detmold des 19. Jhdts. In: Lipp. Mitteilungen 53 (1984), S.291.)
2. *Emmighausen*, Johann Christian Ludwig, "wirklicher Regierungspedell", (vgl. 22.7.1832), Detmold, Bruchstr. 13 (Verdenhalven: Bürgerbuch 1828 = unten abgekürzt: V BB28); *Detmold 30.5.1799, *2.3.1833; Verfasser der Chronik: "Sammlungen mancherley Begebenheiten im Fürstenthum Lippe vom Jahre 1801 und ff. Jahren", (StA Detmold D 72 Emmighausen 1,2), die nach seinem Tod der Sohn Ludwig weitergeführt hat; oder: Schulpedell.
3. *Schmidt*, Georg Philipp Casimir, Stadtmusicus, Detmold, Krumme Str.11; *1768, † 4.6.1837, (V BB28); vgl. Eintrag: Concert am 2.8.1832.
4. *von Meien*, Ernst Ludwig *Julius*, 2. Sohn, *Schötmar 18. April 1812, † Boppard a.Rh. 9.Sept.1879, Kgl. Preuß. Oberst (Gotha 1907, S.522).
5. *von Meien, Friedrich* Wilhelm, ältester Sohn, *Schötmar 3. Mai 1810, † London 29. Dezember 1877, Militärauditeur in Detmold (Gotha ebd.).
6. *Randnotiz* "den Brief hat Starke mitgenommen, worin ein Wechsel auf 10 gfl v. der Großmutter." *Starke,* August, Klassenkamerad Friedrichs in Kl.IV. (Schulprogr. 1819); oder: *Starke,* Johannes Friedrich Christoph Wilhelm, Müllermeister, Pächter der Mittelmühle, Grabbestr. 2, *3.10.1768, † 28.2.1844. (V BB28).

- 4. Schulgeld für Aug[ust][7] u Theodor[8]   8 - 1 -
- - Priv.St. an Leg[ations] R[at] Preuß[9] für   4 - " -
  August
- - Krückesche[10] Lesegesellsch[aft]   1 - " -
- - Ballhornsche[11] dito incl[usive]   1 - 30 -
  Herumbringen
- - 14 Sch[e]f[fe]l Rocken   23 - 12 -
- - Intell[igenz] Blatt pro 1831   1 - 30 -
- 5. Haushalt   10 - " -
- " Armen pro Quartal   2 - 6 -
- 6. Franz. u. Engl. Stunden an Falk[mann][12]   3 - 18 -

---

7. *von Meien*, August Konrad Wilhelm, 3. Sohn , *Horn 3. Januar 1814, † Detmold 18. Januar 1900, Fürstl. Lipp. Geh. Reg. Rat (Gotha 1907, S.523).
8. *von Meien*, Georg Heinrich *Theodor*, 4. Sohn, *Detmold 13. Februar 1820, † Exten 16. Juli 1893, Fürstl. Lipp. Hauptmann a. D. (Gotha, ebd.).
9. *Preuß*, Franz Ludwig (=Louis), Fürstl. Lipp. Legationsrat, Gymnasiallehrer, Detmold, Langestr. 16 (V BB28), *Hannover 15. Okt. 1772, militärische Laufbhan, Feldzug gegen Frankreich (bis 1795), topographische Vermessungen Westfalens, 1803 Leutnant im Preuß. Genie-Corps, Mathematik-Lehrer an der neuen Militär-Schule in Potsdam bis zu deren Auflösung 1807; Prorektor am Detmolder Gymnasium 1808 (Mathematik, Geographie), 1813 als Legationsrat nach Frankfurt geschickt (Austritts Lippes aus dem Rheinbund u. Anschluß an die Alliierten. 1814 Prinzenerzieher und wieder Gymnasiallehrer in Detmold; starb unerwartet am 12. Juli 1845 an einem Asthmaanfall in Linden bei Hannover. (Detmolder Schulprogramme 1845, S.30)
10. *Krücke*, Simon Ernst Moritz August, Seminarinspektor, *Detmold 30. April 1759, † Detmold 24. Februar 1834 (V BB28).
11. *Ballhorn-Rosen*, Dr. Friedrich Ernst, Kanzleidirektor u. Lipp. Hofrat, Detmold, Schülerstr. 10; *Hannover 12.4.1774, † 15.10.1855. (V BB28). 1814 Mentor der lipp. Prinzen Leopold und Friedrich in Göttingen.
12. *Falkmann*, Christian Ferdinand, Rat, später Gymnasialdirektor, *Schötmar 2.7.1782, fast 10 Jahre Erzieher der Prinzen Paul Alexander Leopold und Friedrich, 1813 Lehrer am Gymnasium Leopoldinum (Deusch, Geschichte, Naturwissenschaften, später auch Französisch), Privatstunden in neueren Sprachen, Gymnasialdirektor von 1834 bis zu seinem Tod am 11. Febr. 1844; Förderung Grabbes! "Methodik der Deutschen Stilübungen", 1819, poetische Werke u.a. (Schulprogramme 1844, S.39).

		f. August								
-	9.	Haushalt	10	-	"	-				
-		- Hofrath Piderit[13]	17	-	"	-				
-		- Kochs Witwe[14]	97	-	30	-	1.	L.		
-	12.	Wantrup[15]	5	-	32	-	1.	R.		
-	13.	Müllerin Brandt[16] für Korn	20	-	2	-	1.	R.		
-	14.	16 Kl[after] Holz zu sägen	7	-	"	-				
-		- Haushalt	10	-	"	-				
Jan.	18.	Zinsen an Barkh[ausen][17]	125	-	"	-	"	-		
-	19.	Haushalt	10	-	"	-	"	-		
-	21.	Schuster Grote[18]	47	-	"	-	"	-		
-		- 7 ½ Sch[e]ff[e]l Pachtkorn aus dem Garten pro 18 27/3 1 in cl [usive]	7	-	4	-	"	-		
-		- Ressource-Beytrag[19]	1	-	18	-	"	-		

13. *Piderit*, Dr. Karl, Hofmedicus, Hofrat, Detmold, Schülerstr. 1 (V BB28); *3.12.1797, 1822 Niederlassung in Detmold, † 22.Sept.1876.
    Randnotiz links: Lenchen 11 rtl 12 gr an Piderit im Calender 1831 berechnet.
14. *Koch*, Wilhelmine Friederike, Witwe des Kaufmanns Johann Konrad Koch; † 1.10.1837 − 69 J. (V BB28); Kostenaufstellung 1.L. = laut Liste.
15. *Wantrup*, Friedrich (?) aus Heiligenkirchen (V BB1827); 20.8.34, neue Löschkompagnie, darin: Friedrich Wantrup, Maurer und Anstreicher (Emmighausen, Chronik).
16. *Brandt*, Marie Sophie, geb. Wippermann, Witwe des Müllers Friedrich Wilhelm Brandt, Obere Mühle, Detmold Allee 32. (V BB28).
17. *Barkhausen*, Franz Karl, Kaufmann u. Bürgermeister, Detmold, Langestr.21. (V BB28); siehe auch Zinstermine 24.3./3.6./19.9./14.11.1832.
18. *Grote*, Schuster: Friedrich Adolf, Krummestr.60 o. Friedrich Ernst Anton, Krummstr.6.) o. Johann Friedrich Krummestr. 28 o. Johann Konrad, Unter der Wehme 9 (V BB28).
19. *Ressource:* Christian von Meien gehörte zu den Gründern des geselligen Vereins Ressource (Herbst 1825), der zunächst nur aus einer "großen festgefügten Stammtischrunde in der C.F. Seiffschen Gastwirtschaft (Neustadt 6) bestand. Seine Anregung, ein eigenes Vereinshaus zu bauen, wurde durch den Einzug in die Belle Etage des neuen Rathauses 1831 hinfällig." (Bruno Kirchhof: Die Ressource in Detmold, Detmold o.J., S.5 f.).

Die Ausgaben vom 14.1.-2.2.1832

-	23. für Korn an Austermann[20]	52	-	31	-	"	-
-	24. Schieferdecker[21] l[aut] R[echnung]	10	-	24	-	"	-
-	- Buchb[inder] Eberhardi[22] l[aut] R[echnung]	3	-	1	-	"	-
-	- Schnupftücher f[ür] Fritz	6	-	24	-	"	-
-	- Haushalt	10	-			"	-	"
-	28. Postmeisterin Keiser[23] 1.R.	29	-	18	-		
-	- Gastw[irt] Seiff[24] 1.R.	15	-			"	-
-	- Haushalt	10	-			"	-
-	- Club	3	-			"	-
-	- Club	3	-			"	-
-	- An Julius zur Reise hierher	26	-	30	-		
-	30. 4 Kl[after] Holz	18	-			"	-
Febr.	1. An Christian Heistermann[25]	75	-			"	-
	Agio	10	-			"	-
	- Zinsen v[om] 2. J[anuar] bis Sept[ember] 1831	35	-			"	-
	Agio	4	-	24	-		
	- Meyersche Buchhandlung	24	-	24	-		
	2. Dillmann[26] Leibrente	30	-			"	-
	Agio	4	-			"	-
Febr.	4. für August Reist[unden]	3	-	24	gr		
-	- Haushalt	10	-			"	-
-	8. desgl[eichen]	10	-			"	-

---

20. *Austermann*, Bernd Heinrich, Kornhändler, Detmold, Langestr.21, (*1784, † 1848) o. Johann Wilhelm Bernd, Kornhändler, Detmold, Krummestr.40, (*1792, † 1844) (V BB28).
21. *Schieferdecker*, Johann Gottlieb, Sattler, Detmold, Krummestr. 3 († 6.2.1860 — 63 J.).
22. *Eberhardi*, Maria Sophie, Witwe des Buchbinders August E., Krummestr. 38 (*1774, † 1840).
23. *Keiser*, Dorothee Elisabeth, Witwe des Postmeisters u. Hofapothekers Ludwig Bernhard K., Detmold, Langestr.55, (*16.1.1774, † 22.6.1840) (V BB28).
24. *Seiff*, Karl Friedrich W., Gastwirt (später Weinhändler), Detmold, Neustadt 6, (Ressource-Stammtisch!) (*24.4.1784, † 2.12.1847) (V BB28/Kneipiers S.158).
25. *Heistermann*, Christian (?), 1. Bürgermeister, Richter in Horn 1800-37; oder ein anderer H. (Verwandtschaft Grimmell!).
26. *Dillmann* ?

-	9. An Julius bey der Abreise	30 -	"	-
	- Auslagen für Porto	10 -	"	-
-	12. Haushalt	10 -	"	-
-	- Zinsen an Herrn Gerke[27]	81 -	"	-
-	16. Haushalt	10 -	"	-
-	21. 30 C[en]tner Heu a 18 gr (?)	11 -	24	-
	- 12 Bout[eillen] Wein rothen (?)	3 -	24	-
	- Haushalt	10 -	"	-
	22. Fuhrlohn für 4 Kl[after] Holz	10 -	24	-
	- An Louise[28] baar	2 -	24	-
	24. An Conrad Lose[29]	6 -	6	-
	- Haushalt	10 -	"	-
	29. Ball	5 -	"	-
März.	1. Hagendorf[30] et Grote	22 -	18	-
	- Clav[ier] St[unden] für August	3 -	"	-
	2. Haushalt	10 -	"	-
	4. An Fritz 90 fl oder	50 -	"	-
	- 1 Fuder Erbp[acht] Korn incl. Fuhrlohn	2 -	18	-
	6. an Franzen[31] Cla[vier] St[unden] f[ür] Theodor	3 -	"	-
	11. Haushalt	10 -	"	-
	16. desgl[eichen]	10 -	"	-
	19. desgl[eichen]	10 -	"	-
März.	21. 2 Kl[after] Holz	6 rthl		
-	23. Zur Witwen-Casse pro 1831	7 -	18	gr

27. *Gerke*, Kammerrat, † 29.9.1826; Witwe: Johanna Antoinette geb. Schnittger, Detmold, Hornsche Str.8/8a, († 23.10.1832 — 54 J., 2 Söhne 1 Tochter) (V BB28); vgl.: Eintragung 17.5.1832 Zinsen vom Haus; die Witwe des Kammerrats Gerke zahlte bis 1825 die Kontribution für das Haus Neustadt 1; sie war (vermutlich) die Vorbesitzerin des ab 1826 von Meienschen Hauses.
28. *Louise* Johan Wilhelmine, geb. Grimmell, die Ehefrau des Regierungsrates von Meien, Herrin auf Exten, *Schötmar 3.April 1791, † Exten 2.Mai 1862 (Gotha 1907, S.522).
29. *Lose*, Conrad, stand in den Diensten von Meiens; erwähnt in dessen Brief an Louise v. 29.10.1851 "wann ich Conrad (mit dem Wagen zum Abholen von Theodor) schicke".
30. *Hagendorf* et *Grote*, Firma in Bremen?
31. *Franzen*, Musiker, Seminarist?

-	24. Reitst[unden] f. August		3	-	24	-
-	- An Bürgermeister Barkh[ausen][17] Zins[en] v. 1500 rt		67	-	18	-
-	- Stroh v[on] Schwalenberg zu holen		1	-	"	-
-	25. Tagelohn an Hartmann[32] 2 rückst[ändige] T[age]		"	-	18	-
-	26. Haushalt		10	-	"	-
-	29. Schuster Müller[33] 1.R.		5	-	8	-
-	31. Haushalt		10	-	"	-
April	1. Kämme für Louise[34]		2	-	"	-
-	3. Haushalt		10	-	"	-
-	- 12 B[outeillen] Margaux[35]		3	-	24	-
-	- An Julius		10	-	"	-
-	5. Armen		2	-	6	-
-	7. Haushalt		10	-	"	-
-	- den Soldaten, welche gegraben		4	-	24	-
-	9. Haushalt		10	-	"	-
-	11. Schulgeld[36]		5	-	1	-

---

32. *Hartmann,* Johann (?), Postbote, Auguststr.2 (V BB28); o. spätere Verwalter in Hellinghausen (Briefe v. 1842 u. 1848) (D 72 Nachlaß von Meien).
33. *Müller?*
34. *Louise* von Meien hatte am 3.April Geburtstag!
35. *Margaux:* Weinsorte. In den "Intelligenzblättern" inseriert der Weinhändler Quentell im Januar 1831 (Nr.4. S.33) neben anderen Weinen auch Margaux à 12 mgr. "Die vorstehend bemerkten Weine offeriere ich auch von meinem Lager in Bremen bei Oxthoften, Pipen und Ankern zu möglichst billigen Preisen." In der Ressource kaufte von Meien freilich preiswerter! Bei Quentell kosteten 12 Fl. Margaux 4 Rtl. Übrigens zahlte man damals bereits Flaschenpfand: ½ mgr pro Flasche. Der Konkurrent Seiff inserierte ein paar Seiten weiter u.a. auch Graves.
Wenn man Grabbes Bedürfnisse bedenkt: 1 Flasche Rum kostete zwischen 18 gr und 28 gr (Jamaika). Das riß bei regelmäßigem Gebrauch sicher ins Geld!
36. *Schulgeld* für August u. Theodor, die das Gymnasium in der alten Kirche der Augustinerinnen (Schülerstraße) besuchten, die am 18.Mai 1832 abgerissen wurde, da man die Steine für den Neubau in der Leopoldstraße benötigte. Die Grundsteinlegung erfolgte am 18.Juni 1832. Auf dem Pergament in der eingemauerten Bouteille stand an 3. Stelle nach Petri und Weerth der Name des Regierungsrates von Meien (Emmighausen, Chronik).

[April 11.] An Preuß für August   2[rthl]   -
-    12. 2 Kl[after] Holz zu fahren von Hüppe[37]   5   -   12   -
-    14. Haushalt   10   -   "   -
-    15. an Louise z[ur] Tour nach Exten[38]   5   -   "   -
-    16. Fracht u[nd] Spesen v[on] ½ Ohm Wein (?)   1   -   11   -
April. 22. Haushalt   20 rthl
     - Lesemann[39]   1   -   6 gr
     - Opfer   "   -   24   -
     - 12 Bout[eillen] Graves[40]   2   -   12   -
     25. Haushalt   10   -   "   -
     - Ball am 23. Apr[il]   7   -   "   -
     29. An Fritz zur Rückreise nach   35   -   "   -
         Heidelb[erg]
     - demselben Wechsel 200 fl od[er]   116   -   "   -
     - Reise nach Lemgo u[nd] Paderb[orn]   10   -   "   -
     30. Kleesaamen 5   "   -   18   -
May   5. Haushalt   20   -   "   -
     - Wegen des Vergleichs mit Thorspecke[41]   -   "   -
        für die Mutter bezahlt in Ld'or   160   -   "
        Agio   13   -   12   -
        Quit[tung] u[nd] Vergl[eich] bey den Akten.
     - franz[ösische] u[nd] engl[ische] Stunden   3   -   18   -
        für August an Falkmann
     - An Schneider Lesemann 1.g.R.   1   -   21   -
      7. 18 Sch[e]ff[e]l Mengekorn   27   -   "   -
     - Porto v. Schellfischen   1   -   21   -

---

37. *Hüppe,* Friedrich (?), Kornhändler (V BB28); vgl. Fritz Hüppe, Brauereibesitzer, Detmold, Krummestr.20, 1856 (Verdenhalven, Kneipiers S.172).
38. *Exten:* Rittergut bei Rinteln, das Louise von Meien von ihrem Onkel Wilhelm Grimmell erbt. Sie verbrachte auf dem Gut Exten mit den Kindern die Sommerferien. Auch zu anderen Zeiten fährt man wohl mehrmals im Jahr nach Exten.
39. *Lesemann,* Heinrich Anton, Schneider, Detmold, Langestr.3 †9.5.1839 - 38 J. (V BB28); vgl.: 5.5./2.6./4.11./15.11.1832.
40. *Graves:* Weinsorte; siehe Anm. 38: Inserat des Weinhändlers Quentell, 1 Fl.: 7 gr.
41. *Thorspecke* (?), Thorbecke (?); Familie des späteren Gymnasiallehrers?

	- Haushalt	10	-	"	-		
	- Ball am 21. v[origen] M[onats]	1	-	4	-		
	Beytrag z[ur] Ressource v[om] 2. Q[uartal]	1	-	18	-		
May	10. An Julius	10 rthl					
	- August für Clav[ier] St[unden]	3	-				
	- Huth⁴² Zucker	2	-	3	gr		
-	14. Haushalt	10	-	"	-		
-	17. Zinsen v[om] Hause an H[errn] Gerke²⁷	84	-	"	-		
-	23. Haushalt	20	-	"	-		
-	25. An Louise für 1 Huth.	4	-	"	-	"	-
-	27. An Dorthee Lüdeking⁴³ bey ihrem Abgange	117	rt	20	gr		
-	- Haushalt	10	-	"	-	"	-
-	- für August Reitst[unden]	3	-	24	-	"	-
	- An Dorthee Lüdeking zur Hochzeit	6	-	"	-	"	-
-	30. Haushalt	10	-	"	-	"	-
Juni	2. Lesemann Schneiderarbeit	2	-	"	-	"	-
-	3. Haushalt	10	-	"	-	"	-
-	Zinsen an Barkhausen v. 800 rt a 5 P.c. u. 1/100 rt a.4 ½ P.c.	85	-	2	-	"	-
-	5. Für Theodor Clav[ier] St[unden]	3	-	"	-	"	-
-	8. Haushalt	10	-	"	-	"	-
-	- Salz 3 H[im]bten	2	-	1	-	3	
-	11. An Julius	10	-	"	-		
-	- Haushalt	10	-	"	-		
-	- Pfingstopfer	"	-	24	-		
Juni	16. Haushalt	10 rthl	-	"	-	.	
-	- ein Schwein⁴⁴	7	-	"	-	"	-
-	21. Haushalt	10	-	"	-	"	-
-	- an Louise überdem	10	-	"	-	"	-

---

42. *Huth*, Wilhelm, Bäckermeister, Schenkwirtschaft "Zur Traube", 1834 (Verdenhalven, Kneipiers, S.162); (oder: Zuckerhut?).
43. *Lüdeking*, Dorthee: gehörte bis zu ihrer Hochzeit zum Dienstpersonal von Meiens; Dorothee Auguste Henriette Lüdeking, *5.2.1803, Tochter des Fürstl. Stallknechts Johann Hermann Ernst L. und der Anna Maria Elisabeth, geb. Wortmann, Detmold, Langestr.3 (V BB 1828 — Witwe); heiratete am 27.5.1832 den Korporal Josef Georg Wilhelm Fleckenstein vom Nassensand. (StA Detmold, Kirchenbuchkartei).
44. *Lesung: Dr. Hermann Niebuhr*

Die Ausgaben vom 16.6.-18.7.1832

-	23. Haushalt	10	-	"	-			
-	- Reh	3	-	"	-			
-	- Botenlohn	"	-	9	-			
-	- Glaser Helle[45] 1.R. de 1830	2	-	5	-			
[Juni]	26. Zinsen an Amtsräthin Meyer[46] Gold	20	-	"	-			
	Agio	2	-	24	-			
-	2. Haushalt	10	-	"	-			
-	27. Wechsel auf 200 fl an Fritz	116	-	16	-			
-	- Haushalt	20	-	"	-			
Juli	1. desgl[eichen]	10	-	"	-			
	5. Schulgeld	5	-	1	-			
	- Armengeld	2	-	6	-			
	6. Beytrag zur Ressource v[om] 3. Q[uartal]	1	-	18	-			
	- Haushalt	10	-	"	-	"	-	
	7. Krücksche[10] Lesegesellschaft 2. Q[artal]	1	-	"	-	"	-	
	8. Wiechmann[47] Fuhrlohn 1. 2	13	-	27	-			
	Q[uittungen]							
	Trinkg[eld]	1	-	12	-			
	9. an Julius	10	-	"	-			
	- Haushalt	10	-	"	-			
	12. desgl[eichen]	10	-	"	-			
	18. desgl[eichen]	10	-	"	-			
	- Reise nach Exten	6	-	18	-			
Juli	20. 24 C[en]tner Heu	8 rthl	-	"	-			
	21. Haushalt	10	-	"	-	"	-	
	25. desgl[eichen]	10	-	"	-	"	-	
	28. 2 Kittel an Emil[48] und Wilh[elm][49]	2	-	28	-	"	-	.

---

45. *Helle*, Glaser (vgl. V BB 1845)?
46. *Meyer*, Wilhelmine Eleonore, Witwe des verstorbenen Amtsrates Meyer zu Alverdissen; † 10.12.1841 — 37 J. alt. (StA Detmold Kirchenbuchkartei). Ein Amtsverwalter Meyer verwaltete das Erbpachtgut Hellinghausen von 1799 zunächst vormundschaftlich bis zu seinem Tod 1810. (StA Detmold L 92 B X Tit.VI Nr.3 Bd.I).
47. *Wiechmann*, Johann Hermann Christian (?), Detmold, Langestr.31; *10.12.1769, † 30.3.1835, Leibkutscher, früher Posthalter (V BB28).
48. Ernst *Emil* Franz von Meien, Herr auf Exten, Kreisdeputierter; *Detmold 31.12.1825, † Exten 19.3.1900 (Gotha 1907, S.523).
49. Heinrich *Wilhelm* Gustav von Meien, jüngster Sohn, Fürstl. Lipp. Hofbaumeister; *Detmold 28.1.1828, † Meran 28.9.1875 (Gotha 1907, S.523).

Die Ausgaben vom 20.7.-27.8.1832

		- Leg[ationsrath] Preuß Stunden an August	2	-	"	-	"	-
Aug.	1.	Haushalt	10	-	"	-	"	-
	6	An Julius	10	-	"	-	"	-
-	9	Haushalt	10	-	"	-	"	-
	13.	Reise nach Exten, Bückeburg	4	-	18	-	"	-
	-	Fuhrlohn u[nd] Trinkgeld	7	-	18	-		-
	15.	Haushalt	10	-	"	-		
	20.	desgl[eichen]	10	-	"	-		
	-	Portraits des Fürsten u[nd der Fürstin	1	-	"	-		
	-	1 Scheffel Weitzen	1	-	34	-		-
[Aug.]	22.	Concert v. Schmidt⁵⁰	1	-	"	-		
	-	Haushalt	10	-	"	-		
	-	100 Oel pro Winter 1831/32	1	-	18	-		
	25.	2 Kl[after] Holz	6	-	"	-		
	26.	Haushalt	10	-	"	-		
	27.	An Julius nach Coblenz mit der Vormitt[ag] P[ost]	20	-	"	-	"	
	-	Rente an Christiane Hartmann⁵¹	75	-	"	-	"	
		Agio	8	-	"	-	"	
	-	Für Julius an die Meyersche Buchhandlung eingelöster Wechsel	6	-	"	-	"	
Aug.	29.	Haushalt	10 rthl		-	"	-	
	-	Wein an Hagendorff³⁰	25	-	12	-	"	-
Sept.	1.	An Fritz nach Heidelberg z. Abschl. 300fl od	175	-	"	-	"	-
	3.	Für August Priv[at] St[unden] an Falkmann	1	-	18	-	"	-
	-	ders[elbe] Taschengeld		"	-	18	-	"	-
	-	Haushalt	10	-	"	-	"	-
	7.	desgl[eichen]	10	-	"	-	"	-

---

50. *Concert Schmidt:* "Dem Vernehmen nach wird unser Landmann, Herr Kapellmeister G.Schmidt aus Amsterdam, in Verbindung mit seiner Gattin Mittwoch den 22ten August d.J. auf die Wünsche seiner Freunde allhiee ein Concert veranstalten." (Seine Frau Johanne Schmidt "zählt zu den ausgezeichnetsten Sängerinnen unserer Zeit"."); ("Lipp. Intelligenzblatt" 1832, Nr.32, S.279); "...im Saale des Herrn Gastwirt Meyer, Eintrittspreis á Person 12 mgr Anfang 6 Uhr" (ebd. S.284).
51. *Hartmann, Christiane,* Rente: vergl. 32

Die Ausgaben vom 1.-21.10.1832

	-	Zu versch[iedenen) Ausg[aben]	5	-	"	-	"	-
	-	27 Heringe incl[usive] Porto[52]	1	-	30	-	4½	-
	10.	Kirchensteuer pro 1831	6	-	10	-	1½	-
	12.	Haushalt	10	-	"	-	"	-
	16.	desgl[eichen]	10	-	"	-	"	-
	18.	3 Sch[e]ff[e]l Rocken	3	-	27	-	"	-
	19.	Bürgermeister Barkhausen Zinsen	270	-	"	-	"	-
	-	Haushalt	10	-	"	-	"	-
	20.	1 Huth	1	-	24	-	"	-
	24.	Haushalt	10	-	"	-	"	-
	-	Franzen Clav[ier] St[unden]	3	-	"	-	"	-
	-	Sch[e]ff[e]l Rocken	2	-	30	-	"	
	-	Tour nach Schwalenberg	3	-	"	-		
	26.	Haushalt	10	-	"	-		
Oct.	1.	Haushalt	10	rthl	-	"	-	
	2.	An Taglöhner Holzkämper[53]	9	-	29	-	"	-
	-	Kart[offeln] aufzugraben	4	-	27	-	"	-
	3.	Concert im Büchenberg	2	-	12	-	"	-
	-	Ball auf des Prinzen Geb[urts]tag	"	-	16	-	3	-
	4.	Haushalt	10	-	"	-	"	-
	6.	An Julius nach Berlin	20	-	"	-	"	-
	-	An August u[nd] Theodor	2	-	"	-	"	-
	8.	Haushalt	10	-	"	-	"	-
	-	Schulgeld v[om] 3. Q[uartal]	6	-	1	-	"	-
	-	Privat St. u. Eng[lisch] St. Preuß f[ür] August	2	-	"	-	"	-
	11.	Boten nach Exten am 31. v[origen M[onats]	"	-	24	-	"	-
	-	Armen 1/4 Jahr	2	-	6	-	"	-

---

52. *27 Heringe:* Brief aus Bremen vom 30. August 1832: (StA Dt D 72 Nachlaß von Meien Brief 10).
"Hoch Wohlgebohren / auf order des H Prediger Capelle / sende Ihnen anbey ein Faß mit 54 Stück / Neue Heringe worüber ein liegend / Rechnung erfolgt, ich wünsche guten Empfang / und bin mit aller Achtung Ergebenster Diener / P.B.Giseke
54 Heringe 2 rt 9 mgr / Faß - 10 - 3 / ... / Porto 29gr silbers 14 - 3 - / Summe 1 rt - 30gr 4 ½ = Hälfte"
53. *Holzkämper,* Friedrich, (?), Tagelöhner, Sohn eines Nichtbürgers. (V BB 1833).

Die Ausgaben vom 22.10.-10.11.1832

	- an Kaufm[ann] Böhmer Anweisung auf Pastor Capelle[54] 20 Ld'or	114	-	"	-	"	-	
	12. Schülerball	1	-	9	-	2	-	
	13. Haushalt	10	-	"	-	"	-	
	15. 12 Haufen Torf[55]	18	-	"	-	"	-	
	17. ½ Centner Karpfen[56]	4	-	18	-	"	-	
	21. Haushalt	10	-	"	-	"	-	
	- Clav[ier] St[unden] für August	3	-	"	-	"	-	
	- desgl[eichen] französ[ische] Stunden	3	-	"	-	"	-	
	- Postvorschuß an Julius	16	-	12	-	3	-	
	22. Priv[at] St[unden] für August an Falk[mann]	1	-	18	-	"	-	
	- An Julius nach Coblenz	30	-	"	-	"	-	
-	24. Haushalt	10	-	"	-	"	-	
	- desgl[eichen]	10	-	"	-	"	-	
	- Ressource-Beytrag	1	-	18	-	"	-	
	- Reitstunden für August	3	-	24	-	"	-	
[Oct.]	25. 12 Sch[e]ff[e]l Gerste a 31 gr	10	-	12	-	"	-	
	- 2 Sch[e]ff[e]l Mengekorn	2	-	4	-	"	-	
	28. Haushalt	10	-	"	-	"	-	
	29. Röhre am Hause zu verbringen	1	-	16	-	3	-	
	- An Fritz zur Einlösung seines Koffers	10	-	"	-	"		Gold
	Agio	1	-	12	-	"		
Nov.	2. Haushalt	10	-	"	-			
-	4. an Lesemann[39] Zeug für die Kinder	2	-	6	-			

---

54. Capelle, Pastor in Bremen (3.Stelle), Sohn des Karl Heinrich C., 1781-1817 Pastor in Horn, der als Emeritus zu seinem Sohn nach Bremen zog, wo er 1829 starb (Butterwek, Die Geschichte der Lippischen Landeskirche, Schötmar 1926, S.441 f.). Zwischen von Meien und Capelle bestand offensichtlich ein freundschaftlicher Briefwechsel. Capelle besorgte in Bremen Waren- und Geldgeschäfte für von Meien, den er "Lieber Freund" nennt. In dem Brief vom 12. Juni 1830 geht es um Geldprobleme; außerdem rät Capelle, 1 Pfd. (á 8 1/4 Grote) von dem Kaffee zu probieren, den Fuhrmann Keller für den Waisenpater bringt. (StA Detmold D 72 Nachlaß von Meien Nr.9).
55. *Torf:* "Torf aus dem Hiddeser Bent steht zur Abfuhr hinlänglich trocken." Anzeige in den "Lipp. Intelligenzblättern" 1832 (Nr.36, S.309).
56. *Karpfen:* ebd. 1832, Nr.44, S.376 am 12. Oktober eine Nachricht über das Abfischen des Norderteichs: "2 Ctr. Karpfen 9 Rt 18 mgr."

- Fuhrlohn für 12 H[aufen] Torf a 22gr	8 - 12 -
8. ½ C[en]tner Karpfen v[on] Rösenburg[57]	4 - 18 -
- Haushalt	10 - " -
- 2 Sch[e]ff[e]l Hafer	1 - 4 -
- 2 Rocken	2 - 4 -
- 6 Bout[eillen] Wein v[on] der] Ressource	2 - 6 -
- Ball	7 - " -
- Fritz Taschengeld	6 - " -
10. Haushalt	10 - " -
- für Julius an die M[eyersche] Buchhandlung	3 - 6 -
- 3 Sch[e]ff[e]l Rocken und 2 Sch[e]ff[e]l Weitzen	6 - 24 -
11. Taglohn an Bokes (?) Minchen[58]	1 - 4 -
- Entree für Theodor in Tertia	" - 24 -
14. für 29 Sch[e]ff[e]l Holzkohle	11 - " -
- Zinsen an Barkhausen pro Mich[aelis] d.J.	45 - " -
15. Haushalt	10 - " -
- 2 Sch[e]ff[e]l Hafer	1 - 4 -
- Lesemann Schneiderlohn 1.R.	1 - 10 -
21. Zur Collecte wegen des Lipperoder Pfarrhauses	2 - " -
- Haushalt	10 -
25. für 14 Klaftern Holz zu fahren	31 - 24 gr
- Chaussee- u. Trinkgeld an die Knechte von Hell[inghausen][59], welche Korn brachten	1 - 6 -
- 10 Gänse an	5 - " -
29. Haushalt	10 - " -
- An Julius nach Berlin	10 - " -
30. An Taglöhner Holzkämper[53]	7 - 23 -
Dec. 1. Haushalt	10 rthl -
- An Fritz Taschengeld pro Dec[ember]	6 - " -

---

57. *Rösenburg Karpfen:* ?
58. *Bokes Minchen:* ? Wilhelmine Böke, *22.7.1816 ? Hermine Böke, *21.9.1832 ?
59. *Hellinghausen:* Nachweis, daß Korn vom Erbpachtgut Hellingshausen nach Detmold geliefert worden ist.

	7.	für 12 Kl[after] Holz an Dannhäuser⁶⁰	36	-	"	-	"	-	
		- Haushalt	10	-	"	-	"	-	
		- für Fritz Ressource Entree	1	-	18	-	"		
Dec.	10.	Haushalt	10	-	"	-	"	-	
-	14.	an Conrad Auslagen²⁹	1	-	24	-	3	-	
-	15.	dem Seminaristen für 16 St[unden]	1	-	28	-	"	-	
-		" Haushalt	10	-	"	-	"	-	
-	18.	An Julius nach Berlin	20	-	"	-	"	-	
-		- Kleine Ausgaben für Mich (?)	15	-	"	-	"	-	
-	19.	Haushalt	10	-	"	-	"	-	
-		- August Reitstunde	3	-	24	-	"	-	
-	20.	an Tischler Neese⁶¹	4	-	3	-	"	-	
-	24.	Haushalt	10	-	"	-	"	-	
		- Opfer an Begemann⁶² u[nd] Wellner⁶³	"	-	24	-	"	-	
-		- für Julius an Benkelberg⁶⁴	40	-	"	-			1. Schein
-		- den Kindern zu Weihnachten	5	-	"	-			
-		- den Leuten desgl[eichen]	3	-	"	-			
-		- für 12 B[outeillen] Wein	2	-	12	-			
-	25.	Haushalt	10	-	"	-			
	27.	½ C[en]tner Karpfen	5	-	"	-			
		- Calender an Pedell Emmigh[ausen]²	"	-	24	-			
		- Opfer	"	-	24	-			
		- Begemann⁶²	"	-	24	-			
	30.	Haushalt	10	-	"	-			
		- Conrad Lose ²⁹	25	-	"	-			
		- Zeitungen Frankfurter u[nd] Cöln	1	-	18	-			
	31.	Concertgeld	2	-	24	-	"	-	
		- Buch an Emil	"	-	8	-	"	-	
		- Zinsen an Lindemann:⁶⁵							

---

60. *Dannhäuser*, Waldschütz (V Kneipiers, 1845 Inhaber des "Neuen Krugs").
61. *Neese*, Simon Adolf, Tischler, Detmold, Krumme Str.4, (V BB 1828); † 1.1.1831(!), 1 Sohn, 1 Tochter, (Witwe Catharina, Detmold, Langestr.2).
62. *Begemann*, Wilhelm, Küster und Lehrer der Bürgerschule, Detmold, Bruchstraße, † 14.2.1835 — 74 J. (V BB 1828).
63. *Wellner*, Carl Emil aus Hornoldendorf, Ratsdiener, Detmold, Exterstr.4, (V BB 1828).
64. *Benkelberg:* ?
65. *Lindemann*, Carl, Brake, vermittelt Geldsendungen an Pastor Capelle in Bremen; (StA Detmold D 72 Nachlaß von Meien, Brief Nr.8 v. 16.3.1828).

Die Ausgaben vom 10.-30.12.1832

a) v. 1500 rt   60 - " -
b) v. 2000   80 - " -
    Agio v. 28 Pistolen   18 - 24 -

Letzte Eintragungen in das Anschreibebuch

Die Verteilung der Ausgaben im Jahr 1832

Das Anschreibebuch des Regierungsrates Christian von Meien, das für das Jahr 1832 Gesamtausgaben in Höhe von 4379 rtl 28 gr 2 pf nachweist, ist ein eindeutiger Beleg für die aufwendige Haushaltsführung des ranghohen Detmolder Beamten. Dennoch wird es sich dabei nicht um den Normalfall gehandelt haben, den man ohne weiteres verallgemeinern könnte. Zu kraß erscheint der Unterschied zwischen den bis auf den Pfennig genau festgehaltenen Ausgaben und dem Einkommen aus der Beamtenbesoldung, das im Jahr 1832 außer Sporteln und Sondergratifikationen 1100 rtl betragen hat. Dazu kamen noch Naturalien von den Gütern in Hellinghausen und Exten.

Nicht einmal ein Drittel der Ausgaben war durch diese festen Einkünfte gedeckt; trotz aller exakten Buchführung konnte von einem Ausgleich zwischen Soll und Haben auch nicht annähernd die Rede sein. Dabei waren die schlimmsten Monate der Januar (676 rtl) mit den vielen Zahlungsverpflichtungen zum Jahresbeginn und den noch offenen Rechnungen vom vergangenen Jahr, der September (545 rtl) und der Dezember (416 rtl). Der Monatsdurchschnitt der Ausgaben des Regierungsrates lag im Jahr 1832 etwa bei 365 rtl.

Zinsen, Leibrenten und ähnliche Verpflichtungen

Die das Gehalt überschießenden Kosten mußten also ständig durch die Aufnahme von Schuldverpflichtungen getragen werden, die wieder hohe Zinsen erforderten, mindestens 4%. Diese addierten sich zu den laufend wiederkehrenden Zahlungen für das Haus, für Leibrenten und ähnliches. In der Tat verschlang dieser Posten, der mit 1468 rtl etwa auf die Höhe der Jahresgesamteinkünfte des Fürstlich Lippischen Regierungsrates auflief, allein fast ein Drittel der Gesamtausgaben. Legt man den niedrigsten Zinssatz von 4% zugrunde, so kann man aus dem Zinsanteil von 1060 rtl auf rund 26 000 rtl Schulden schließen, denen als Sicherheit Haus und Garten gegenüberstanden, sowie die Rechte an der Erbpachtdomäne Hellinghausen. Hauptgläubiger ist der Bürgermeister Barkhausen, der 1832 an Zinszahlungen 592 rtl erhält. Für das Haus sind in diesem Jahr (Februar und Mai) 166 rtl fällig; da die (vermutliche) Vorbesitzerin, die Witwe des Kammerrates Gerke, am 2.10.1832 verstarb, kann eine weitere Zahlung für das Haus auch an eine andere Person gegangen sein.

Ein Vergleich erforderte 173 rtl Auslagen für die Mutter. Für Leibrenten müssen etwa 120 rtl gezahlt werden. Erhebliche Beträge gehen nach Bremen, meist über den Kaufmann Carl Lindemann in Brake, an Pastor Capelle jun. Die Sonderaufstellung in diesem Kalender und Briefe[6] belegen lebhafte Geld- und Warengeschäfte zwischen Detmold und Bremen, wo die Grimmells eine Handelsniederlassung besaßen.

So bestätigt Lindemann am 15. März 1828, daß er dem Herrn Pastor Capelle jun. in Bremen nach von Meiens Wünschen 250 Taler hat auszahlen lassen. Capelle wiederum weist den lieben "Freund" von Meien am 12. Juni 1830 auf den Probe-Kaffee hin und erörtert verschiedene Geldfragen. Außerdem mahnt Lindemann am 31. August 1846 weitere 25 rtl der am 1. August fälligen Zinsen von 4% an, "welches der niedrigste Zinsfuß ist." Verwandte namens Heistermann wohnten ebenfalls in Bremen. Von dort kondolierte am 13.11.1842[7] A. Heistermann, geb. Hebeler, dem sehr geehrten Herrn Vetter (von Meien) zum Tode der Tante Grimmell in Exten. Wilhelmine Theodore Grimmell war dort am 2.11.1842 verstorben.

Ausgaben für Familienangehörige

Der zweithöchste Betrag summiert sich bei den Ausgaben für die Familienangehörigen: rund 1080 rtl. Dabei weist der Regierungsrat für sich selbst und seine Schwester Helene[8] nichts aus; Frau Louise erhält insgesamt 25 rtl, darunter für Kämme zum Geburtstag und einen Hut je 4 rtl, sowie 5 rtl. für eine Reise nach Exten. Der Betrag "weitere 10 rtl" mag zusätzlich für den Haushalt bestimmt gewesen sein.

Zu Weihnachten gab es für die Kinder zusammen 5 rtl, die beiden Jüngsten Emil und Wilhelm erhalten einmal einen Kittel; an den Geburtstagen wird nichts ausgewiesen. Eine Menge Geld steckt man dagegen in die Privatstunden[9] in Französisch und Englisch für August bei den Gymnasiallehrern Falkmann und Preuß, sicher den besten Experten der kleinen Residenz. Französisch bietet das Leopoldinum erst in den nächsten Jahren in den Randstunden an, Englisch in den Realklassen.

Diese Privatstunden wurden neben dem Pflichtunterricht in der Schule erteilt, sobald sich mindestens vier Schüler in einer Gruppe gefunden hatten; im Französischen, das Rath Falkmann in drei Abteilungen unterrichtete, "als das am wenigsten Entbehrliche", reichten auch weniger Schüler bereits aus. Falkmann erhielt 1819 für drei Wochenstunden pro Quartal 1 rtl 19 mgr; Freiligrath, der Vater des Dichters, bekam für eine Privatstunde in Schönschreiben 3 ggr.[10]

Zur standesgemäßen Erziehung gehörten selbstverständlich auch der Klavierunterricht (9 rtl für August und 6 rtl für Theodor) sowie Reitstunden (18 rtl), die 1819 im Rahmen des Privatstunden-Angebotes des Detmolder Gymnasiums der Oberbereiter Wülker gab, dem es "vergönnt (war), einiger Pferde des Fürstlichen Marstalls sich dazu zu bedienen." Außerdem bestand mehrere Monate im Jahr die Gelegenheit, das Tanzen zu erlernen.

Wenn einer all diese Angebote zur Erziehung seiner Söhne nutzen wollte, so kamen beträchtliche Kosten zusammen, die sich nur wenige leisten konnten. Schließlich mußte auch Schulgeld bezahlt werden, 24 rtl 4 gr für August und Theodor; für diesen sind im November 24 gr für das Entree in die Tertia des Gymnasiums vermerkt. Ein dagegen recht bescheidenes Taschengeld in Höhe von 18 gr im September ist extra aufgeführt, im Oktober gibt es je 1 rtl für die beiden, so daß der Regierungsrat an Ausgaben für die 4 jüngeren Kinder im Jahre 1832 insgesamt 111 rtl aufnotiert.

Da reißen die beiden älteren Söhne ganz anders in Geld. Für den zwanzigjährigen Julius, der in Koblenz dient, summieren sich die laufenden Zuschüsse von 10 - 20 rtl neben einigen größeren Beträgen auf 532 rtl, während Fritz, der Älteste, von dessen Geldproblemen noch später die Rede sein wird, sogar auf die stolze Summe von 622 rtl kommt. Studenten zogen schon damals heftig am Geldbeutel der Eltern. Fritz erhält u.a. zweimal einen Wechsel über 116 rtl zugesandt, zum Abschluß des Jura-Studiums in Heidelberg sogar 175 rtl. Am 29. Oktober muß sein Koffer für 1 rtl eingelöst werden. Ab 1. November verdient er zwar als Auditor in Lage bereits selber, bekommt aber zu seinem knappen Gehalt von Hause noch einen Zuschuß von 6 rtl. Außerdem bezahlt ihm der Vater im Dezember den Ressource-Beitrag zur Einführung in die Detmolder Gesellschaft.

Die Ausgaben für Fritz und Julius zehren allein das Jahresgehalt des Regierungsrates von Meien auf, für den solche Geldsorgen auch in den nächsten Jahren nicht abreißen werden. Dazu mußte man gar nicht einmal, wie später der junge Seconde-Lieutnant Theodor in Berlin während seiner Ausbildung auf der Kriegsschule, "mal Unter den Linden gewohnt" haben. Als er wieder auszieht, weil 14 rtl "für die Wohnung nicht, wohl aber für mich zu viel" sind, kommt er nach einem kurzen Bericht zum Knackpunkt: "Nun, lieber Vater, muß ich noch einen Punkt erwähnen, der uns beiden vielleicht unangenehm aber nun einmal nicht zu umgehen ist, nämlich d[en] Geldpunkt"; darauf bittet er um einen "Nachschuß von etwa 50 rtl", die er "unumgänglich nöthig" habe.[11]

Ein Jahr später ertönt von Wilhelm, der in Berlin die Bauschule besucht, nach einem langen Bericht über die Weihnachtstage fern von Detmold und über den Neujahrsmorgen das gleiche Lied: "Meine Casse ist ganz leer u[nd] wäre es mir deßhalb lieb, wenn Du mir recht bald etwa 50 - 60 Thaler schicktest."[12]

Wie schwer muß es da dem Zuchthaus- und Leihbankverwalter Grabbe gefallen sein, das Studium seines Sohnes Christian zu finanzieren! Der Vater, der fleißig gespart hat, rechnet mit 300 rtl im 1. Studienjahr, insgesamt mit 900 rtl.[13] Am 18. Februar 1823[14] schreibt der die bitteren Sätze: "Anbei erfolgen, wie versprochen, die letzten 10 Pistolen die wir in unserm Vermögen haben. Wir haben unser Versprechen, glaube ich, daß Du 3 Jahre auf Universitäten nothdürftig erhalten werden solltest, gehalten. Wir können nichts mehr als Eltern thun."

Christian aber fährt für diese letzten Pistolen nicht nach Hause, sondern nach Leipzig zu Tieck, während die Eltern in Detmold vergeblich in Sorgen warten. Noch einmal bringt der Vater 10 Pistolen zusammen, borgt sie, bietet den Garten als Kaution. Doch als Grabbe jun. auch das Dresdner Reisegeld für Tiecks Sonderauftrag vertan hat, bittet er am 26. Juli 1823 die Eltern um weitere 5 Louisd'or.[15]

Ausgaben für eigene und andere Leute

Wesentlich geringer waren im Jahr 1832 die Barausgaben für das Gesinde, für "die Leute", die freilich Wohnen und Essen gestellt bekamen. Im Jahr 1828 gehörten (nach Verdenhalven) ein Dienstmann und zwei Dienstmädchen zum Haushalt des Regierungsrates Christian von Meien. Eine von diesen war wohl Dorthee Lüdeking, die "bey ihrem Abgange" anläßlich der Hochzeit[16] mit dem Korporal Fleckenstein am 27. Mai 1832 die stattliche Summe von 117 rtl 20 gr ausgezahlt bekommt und 6 Hochzeitstaler dazu.

Der langjährige Dienstmann Conrad Lose, der noch 1851 in einem Brief erwähnt wird, erhält zum Jahresende 25 rtl und im Laufe des Jahres etwa 10 rtl z.T. für Auslagen. Er ist Kutscher, versorgt die Pferde und kümmert sich wohl auch um die anderen Tiere und den Garten. Dagegen sind Ausgaben für das zweite Mädchen nicht zuzuordnen; vielleicht bekam dieses den Lohn wie bei den Heldmanns[17] vom Haushaltsgeld. Ein Betrag ist dagegen genau ausgewiesen: Zum Weihnachtsfest erhalten "die Leute" zusammen 3 rtl.

Viele in Haus und Garten anfallende Arbeiten, wie z.B. das Ausgraben der Kartoffeln im Oktober (4 rtl 27 gr), wurden von Tagelöhnern ausgeführt, manchmal auch von Soldaten, die im April "gegraben haben". Insgesamt erhalten Tagelöhner, Fuhrleute und Boten im Jahr 1832 etwa 54 rtl an Lohn und Trinkgeld.[18]

Der Haushalt des Regierungsrates

Der vielköpfige Haushalt, dem 1828 außer den Eltern, den 6 Söhnen und 3 Leuten noch 2 weitere Mitbewohner, darunter sicher die in einer Randnotiz und in Briefen erwähnte, oft kränkliche Tante Lenchen, eine Schwester von Meiens, verschlang im Jahr 1832 insgesamt 860 rtl an Fixkosten; die monatlichen Ausgaben schwankten zwischen 60 und 90 rtl. In der Regel wurde alle 4 Tage ein Betrag von 10 rtl vom Hausherrn ausgezahlt, wohl an Louise (vgl.: Eintrag am 21. Juni: "an Louise überdem 10 rthl"). Es ist anzunehmen, daß diese ein eigenes Haushaltsbuch über die Einzelausgaben geführt hat, so wie es Therese Heldmann, geb. Helwing, die junge Frau des Regierungsrates und späteren Präsidenten Carl Theodor Heldmann am Tage nach ihrer Hochzeit am 12. Januar 1829 begann und für mehrere Jahre sorgfältig auf den halben Pfennig genau führte.[19]

Da die Heldmanns aus angesehenen lippischen Bürgerfamilien stammten und Carl Theodor Heldmann als Regierungsrat eine vergleichbare Beamten-Position wie von Meien innehatte, kann man aus diesen Aufzeichnungen sicher schließen, welche Waren und Leistungen aus dem "Haushalts-Topf" bezahlt wurden. Allerdings hatte Therese Heldmann dafür wesentlich weniger Geld zur Verfügung als Louise von Meien; und das mag nicht nur daran gelegen haben, daß die noch junge Familie weniger Personen zählte, die versorgt werden mußten, sondern auch an einer äußerst sparsamen Haushaltsführung. So erhielt Therese im Vergleichsjahr 1832 nicht alle 4 Tage wie Louise 20 rtl, sondern in der Regel pro Woche 2 ½ rtl, bei Bedarf etwas mehr. Das waren monatlich zwischen 10 und 14 rtl, insgesamt in diesem Jahr 1832 etwa 145 rtl; über diese Summe konnte Louise von Meien in jeweils 2 Monaten verfügen!

Von diesen 12 rtl pro Monat mußten Lebensmittel und Haushaltsgegenstände eingekauft, aber auch gewisse Dienstleistungen bezahlt werden. Bei den Lebensmitteln ist der Posten "Fleisch" auffällig hoch. So kaufte man im Januar 1832 allein 17 ½ Pfund (pro Pfund zwischen 2 und 3 gr), einmal freilich eine größere Portion von 9 Pfd wohl für ein Gästemahl. Abwechselnd standen Kalbfleisch (Brust oder Karbonade) und Rindfleisch auf dem Speiseplan, im Sommer auch Hammelkeule, manchmal Ochsenzunge, seltener Schweinebraten. Wursteinkäufe sind kaum verzeichnet, da man im Januar und Dezember je ein Schwein schlachtete, im Mai ein Kalb.

Eine Abwechslung bedeuteten sicher die Hasenbraten (15 gr) im Februar und November bis Dezember (Weihnachten!); im Oktober kam einmal eine Ente auf den Tisch, im September gab es 2 Hähnchen (7 gr); aber Hühner hatte man wohl selbst, da mehrmals Küken gekauft wurden. Trotz der eigenen Tierhaltung verzeichnet der Einkaufszettel Eier, Milch (1 Maaß: 1 gr 3 pfg) und sehr viel Butter (1 Pfd: 5 gr 3 pfg). Im Verhältnis zu den von Meiens mit ihren Beziehungen nach Bremen ißt man bei den Heldmanns wenig Fleisch: im August Forellen, im Januar einmal einen "Häring", in anderen Jahren etwas Schellfisch und Stockfisch. Eine Ausnahme bildet auch der Schweizer Käse (½ Pfd: 7gr 3 pfg).

Regelmäßig kauft man Brot und Weißbrot, zahlt "Bakkegeld" und benötigt zahllose Zutaten zum Backen, Braten und Einmachen. Das duftet nach einem ganzen Gewürzladen: Muskatblüten und Nelken, Kaneel und Vanille, Korinthen, Rosinen und Mandeln; aber man brauchte auch Senfpulver, Essig, Pfeffer und Salz, Citronen und Wachholderpulver, im Oktober sogar "Hexenpulver".[20]

Dazu kaufte Therese Heldmann etwas Graupen, Grütze und Reis, nie Gemüse und Obst, dafür hatte man den eigenen Garten und im Winter Eingemachtes in Gläsern und Faß. Daß diese doch recht einseitige Ernährungsweise zusammen mit der miserablen Trinkwasserqualität in der Residenz in ursächlichem Zusammenhang mit den häufigen Erkankrungen auch der besser gestellten Bürger stand, kann hier nur vermutet werden.[21]

Was der eigene Garten hergab, läßt sich aus den Samen- und Pflanzenkäufen schließen: Vietsbohnen und Sellerie, Kohl und Blumenkohl, Endivien und Porree (100 Pflanzen "Borrecz" ist wohl nicht Borretsch; Therese war manchmal in der Rechtschreibung etwas großzügig!), Radieschen und Karotten. Einen Hinweis auf Kartoffeln gibt es in diesen Jahren nicht. Im Juli leistete man sich einmal Erdbeeren (3 gr) und "Bickbeeren".

Zum äußersten Luxus gehörten bei den Heldmanns damals offensichtlich Kakaobohnen (am 28.10. ½ Pfd) und Tee (nur einmal innerhalb mehrerer Jahre ½ Pfd); Kaffee, dessen Verkauf an die einfache Bevölkerung in Lippe im 18. Jahrhundert durch Verordnungen (1765 und 1768) verboten war[22] und dessen Kauf während der Kontinentalsperre (1810) unerschwinglich geworden war[23], ist im Haushaltsbuch der Therese Heldmann nicht verzeichnet.

Dafür hatte man einen recht hohen Bedarf an Bier (jeweils "13 Maaß" zu 17 gr 3 pfg) und benötigte manches "Maaß Branntwein", mitunter auch Rum. Recht selten ist dagegen, ganz anders als beim Regierungsrat von Meien, Wein verzeichnet, und dann jeweils nur eine Bouteille.

Vom Haushaltsgeld bezahlte Therese auch all das, was zum Nähen benötigt wurde: Tuch, Leinen, Seide, Tüll, dazu Litzen, Bänder und Knöpfe, Nähgarn und natürlich auch einen Fingerhut. Schließlich mußten von dem schmalen Etat alle Inventar-Ergänzungen des wachsenden Haushaltes finanziert werden: Töpfe und Näpfe aus Stein und Holz, irdenes Geschirr und Gläser, Besen, Tücher und Schwämme, und wegen dringenden Bedarfs auch eine Mause- und eine Rattenfalle. Neben dem Faß (zum Einmachen) war der größte Posten der Badekübel (2 rtl 12 gr); am 4. Dezember erstand Therese sogar für 3 Silbergroschen eine Zahnbürste.

Zum Putzen und Waschen brauchte man Sand und Sago, Wichse, weiße und braune Seife, vor allem einen Waschtrog (1 rtl); es mußten aber auch die Waschfrauen bezahlt werden. Die Näherinnen erhielten ebenso ihr Geld wie der Schornsteinfeger, der mehrmals im Jahr die Schornsteine reinigte; und hin und wieder waren Röhren zu säubern oder Reparaturen in der Wohnung und am Haus fällig. Solche Posten verzeichnete der Regierungsrat von Meien freilich neben den Ausgaben für das Haushaltsgeld extra.

Auch bei den von Meiens kamen neben Kartoffeln (3.10.) Gemüse und Obst aus dem eigenen Garten. So schreibt Christian von Meien am 5. November 1856 seinem Sohn Emil auf Exten, wo sich zu dieser Zeit auch Frau Louise aufhält, daß die Tochter Mathilde "eine große Tonne mit Äpfeln, trockenen Zwetschen, Schnitzen und

Zwetschensaft gefüllt hat, welche morgen, wenn es mit dem Frost nicht zu arg wird, nach dort abgeht".[24]

Im Stall hinter dem Haus hielt man eine eigene Kuh (Vermerk vom 10.5.: Kuh ausgewechselt), und Kleinvieh gehörte sicher auch dazu. So kamen bei der Versteigerung im Hause des Kammerrates Stein neben Wert- und Haushaltsgegenständen sowie Naturalien und Gartenfrüchten auch eine Kuh, ein Schwein und eine Ziege unter den Hammer von Grabbe sen.[25]

Naturalien erhielt die Familie von Meien auch von ihrem Erbpachtgut Hellinghausen. Von dort kündigt 1842 Hartmann, "Commissair" auf dem Gut, Frau von Meien die "Lieferung von Schweinefleisch und Butter" an.[26] Das entlastete die Haushaltskasse.

Unter den Ausgaben für Nahrungsmittel führt der Regierungsrat in seinem Anschreibebuch u.a. folgende Posten im einzelnen auf: 3 Himbten Salz, dessen Kauf im "Ausland" bei hoher Geld- und Gefängnisstrafe verboten war, Zucker, 100 Pfd Öl (11 rtl) und im November 10 Gänse (5 rtl). Mehrmals erwähnt sind Ausgaben für Fisch oder Wein. Karpfenzeit waren die Monate Oktober (in dem der Norderteich abgefischt wurde) bis Dezember; dreimal leistet man sich je ½ Zentner (für je 4 - 6 rtl), stattliche Portionen, wohl für größere Karpfenessen, am 27.12. sicher für Silvester. Schellfisch (Mai) und Heringe (September) ließ man von Bremen kommen. Capelle vermittelte, Giseke schickte, wie der Brief vom 30.8.1832 belegt.[27] Dabei teilte sich von Meien das Fäßchen Heringe mit einem anderen Empfänger, das sparte Frachtkosten.

Diese Waren aus Bremen wurden im lippischen Weserhafen Erder umgeschlagen, von dem sie auf dem Landweg umständlich nach Detmold transportiert werden mußten. Aus Erder kündigt der Zollkommissar Wilhelm Falkmann in einem Brief vom 10.10.1830 seinem "Freund" von Meien eine Lieferung von drei Kisten, "welche gestern hier angekommen sind", für übermorgen an. "Vielleicht wird die(se) Fracht jetzt etwas höher gehen da es theils an Schiffen in Bremen fehlt theils auch das Wasser sehr gefallen ist."[28]

Wein kaufte von Meien in der Regel 12 Flaschen zu etwa 3 rtl in der Ressource, wo er preiswerter zu haben war als bei den Weinhändlern. Neben den insgesamt 42 Flaschen (vor allem im April und in der Karpfenzeit Oktober bis Dezember) sind auch zwei größere Posten für "Hagendorff" aufgeführt, davon einmal 25 rtl. Als Weinsorten werden Margaux und Graves genannt. Aus dem vergangenen Jahr noch offene Rechnungen bei Kochs Witwe (97 rtl 30 gr) sowie dem Weinhändler und ehemaligen Gastwirt Seiff (15 rtl) gehören sicher ebenfalls in den Bereich 'Haushalt'.

Für Getreide verschiedener Art für Menschen und auch Tiere des großen Haushaltes gab man im Jahr 1832 insgesamt 166 rtl aus. In dieser Summe sind Käufe enthalten, aber auch Lieferungen vom Erbpachtgut Hellinghausen mit entsprechenden Fuhr- und Mahlkosten. Aufgelistet sind vor allem in den Monaten September bis Januar 25 Scheffel Roggen, 12 Scheffel Gerste, 4 Scheffel Hafer, 3 Scheffel Weizen sowie 20 Scheffel Mengekorn und 7 ½ Scheffel Pachtkorn. Dazu kommt eine Kornrechnung bei Austermann über 52 rtl. Mahlen ließ man in der Oberen Mühle bei der Müllerin Brandt. Es gab aber auch Beziehungen zu Starke, dem Pächter der Mittelmühle.

Holz und Torf, Heu und Stroh

Zum Beheizen des großen Hauses benötigte man offensichtlich ganze Berge von Holz, und sicher bekam man damit nur einige Räume etwas warm, einen großen Teil davon verbrauchte die Küche. Da Holz in großen Mengen zum Bauen, Heizen und zur Herstellung von Holzkohle benötigt wurde, waren damals die Anhöhen um Detmold, wie man auf alten Bildern erkennen kann, wesentlich lichter als heute. Eine systematischere Aufforstung hatte gerade erst begonnen. Also mußte man größere Mengen Holz z.T. von weit her für hohe Frachtkosten anfahren lassen. Aus dem zu Hellinghausen gehörenden Teil des Rumbecker Forstes erhielt von Meien Pachtholz. Dieses wurde dort im Jahr 1844 "trotz Beaufsichtigung des Forstpersonals" nach dem Schlagen und der Überweisung der Rechnung aus dem Wald gestohlen.[29]

Etwa 120 rtl gab der Regierungsrat 1832 für den Ankauf, das Anfahren und Sägen von 46 Klaftern Holz aus. Da manche Angaben doppelt erscheinen (fahren und sägen), mag es sich insgesamt um etwa 30 Klaftern gehandelt haben, also um einen 1,80 m hohen Holzstapel von knapp 60 m Länge.[30] Man kann sich vorstellen, wie damals andere Leute gefroren haben mußten, die sich solche Holzstapel nicht leisten konnten.

Einzelne Stuben wurden ohnehin, wenn überhaupt, auch mit Torf beheizt. Am 5. November 1856 schreibt von Meien an seinen Sohn Emil nach Exten, wo sich auch Frau Louise aufhielt:

> "Ich freue mich, daß der neue Ofen allseitigen Beifall findet. Ich wollte, ich hätte einen solchen auf meiner Stube. Der schlechte dießjährige Torf verbunden mit einem schlecht construirten Ofen läßt mich jetzt schon frieren. Was wird das später noch geben."[31]

Im Oktober 1832 fielen Kosten in Höhe von 18 rtl für 12 Haufen Torf an, den man im Hiddeser Bent[32] abfahren konnte, am 14. November wurden 29 Scheffel Holzkohle bezahlt. Für insgesamt 54 Zentner Heu gab man in diesem Jahr etwa 20 rtl aus; das Strohholen kostete nur 1 rtl.

Handwerkerrechnungen und Dienstleistungen

Auch Handwerkerrechnungen (87 rtl) und Dienstleistungen verschiedener Art (106 rtl) summieren sich zu einem stattlichen Betrag. Dabei sind noch nicht einmal die Kosten für Waschfrauen und Näherinnen ausgewiesen, da diese wohl wie bei den Heldmanns vom Haushaltsgeld bezahlt wurden. Die Handwerker wohnen meist in geringer Entfernung in der Innenstadt. Am höchsten liegen die Rechnungen des Schusters (52 rtl) und des Sattlers (10 rtl); Stiefel und Ausrüstungen für Pferd und Wagen hatten ihren Preis. Dagegen wirken die Ausgaben für den Schneider Lesemann (insgesamt 8 rtl) recht bescheiden; hier kann es sich nur um kleinere Kleidungsstücke oder Änderungen und Ausbesserungen gehandelt haben, wenn man die Preise der Taxordnungen damit vergleicht. Theodor, der nicht viel von den Detmolder Schneidern hält, wird sich später in Berlin angefertigte Uniformen wünschen, ehe er dorthin zur Kriegsschule fährt.[33]

Der Maurer und Anstreicher Wantrup bekommt 5 rtl 32 gr, der Tischler 4 rtl, der Buchbinder im Januar sicher für das Einbinden von Zeitschriften oder Kalendern 3 rtl und der Glaser 2 rtl für eine zwei Jahre alte Rechnung. Tagelöhner, Fuhrleute und Boten erhalten für verschiedene Tätigkeiten insgesamt an Tagelohn und Trinkgeld etwa 54 rtl. Dabei beschäftigt der Militärreferent von Meien durchaus auch schon einmal Soldaten zum Umgraben.

Beim Hofrat Piderit, dessen Tochter Betty später einmal den jüngsten Sohn Wilhelm heiraten wird, stehen im Januar noch Arztkosten vom Vorjahr in Höhe von 17 rtl aus. Am Rand ist vermerkt: "Lenchen 1 l rt 12 gr an H. Piderit im Calender 1831 berechnet." Gerade bei den bereits erwähnten wenig hygienischen Umweltbedingungen in der Residenz bleiben damals auch die besser gestellten Bürger nicht von häufigen Erkrankungen verschont. So kränkelte wohl auch von Meiens Schwester Helene, wie mehrere Briefe nachweisen, bis sie am 22. Mai 1856 "ihrem sie innigst liebenden Familienkreise durch sanften Tod entrissen" wurde.[34]

Man mußte offensichtlich den Hofrat Piderit häufig kommen lassen; selbst die kurzen Aufenthalte in Bad Meinberg oder gar auf Norderney halfen da nicht viel, auch wenn Hermann Carl Lindemann am 21.9.1843 aus Brake an von Meien schrieb: "daß Ihre Frau Schwiegertochter mit besserer Gesundheit von Norderney zurückgekehrt ist freuet mich sehr, ich will herzlich wünschen daß dieselbe von jetzt an eine recht dauerhafte Gesundheit bekommen möge."[35] Hoch war damals auch in Detmold die Rate der Kindersterblichkeit; drei Kinder der von Meiens starben innerhalb der ersten Lebensjahre an Bräune, Wassersucht oder Scharlach.[36]

Solche Schicksalsschläge wirkten sich auf das Befinden und die Gesundheit des sonst so aktiven Regierungsrates negativ aus. Am 8. Februar 1830 berichtet er dem Vetter Hotzen in Hannover:

> "Wir haben einen betrübten Winter. Nachdem ein Knabe, Emil, so zu sagen vom Tode erstanden ist, ist der kleinste wieder krank, auch meine Schwester befindet sich nicht wohl, ich leide an Unterleibs-Beschwer-

den und Mißmuth bemeistert sich meiner und meiner Frau bey solchen Calamitäten."[37]

Eine weitere Rechnung aus dem Vorjahr ist noch offen: Bei der Postmeisterin Witwe Keiser sind Außenstände in Höhe von 29 rtl zu zahlen. Der Januar ist aber auch der Monat, in dem verschiedene Zuwendungen üblich sind. Den Anfang der Neujahrsgeld-Empfänger macht der Raseur; ein Soldat, der nur an diesem Tag im Jahr Geld erhält? Ein lippischer Woyzeck? Auch der Pedell[38] bekommt den ihm zustehenden Obolus von 24 gr, Stadtmusicus Schmidt, der auch Privatunterricht in Flöte und Violine gibt, 18 gr, vielleicht für ein Neujahrsständen, während der Küster Begemann, der den Elementarunterricht erteilt, seine 24 gr zum Jahresende erhält. Diese regelmäßigen Verpflichtungen leiten aber bereits über zum nächsten Posten.

Abgaben und Opfer

Im Verhältnis zu den bisher aufgeführten Summen nehmen sich die Beträge für Abgaben und Opfer mit insgesamt etwa 19 rtl recht bescheiden aus. Den größten Anteil daran hatte die Kirchensteuer, die betrug für das Vorjahr 6 rtl 10 gr ½ pfg. Für die Armen führt man 2 rtl 6 gr pro Quartal ab; zu Ostern, zu Pfingsten und zu Weihnachten spendete man je 24 gr als Opfer.

Freizeit, Lektüre, Beiträge, Vergnügungen

Geht man davon aus, daß die Rechnungen der Meyerschen Buchhandlung über 27 rtl 20 gr vor allem Bücher für die Ausbildung der Kinder betreffen (meist "für Julius"!), so bleiben als Ausgaben im Freizeitbereich insgesamt 45 rtl für Beiträge, Lektüre, Konzerte und Bälle, eine nicht gerade hohe Summe. Dabei kam der geselligen Vereinigung "Ressource", zu deren Mitbegründern von Meien gehörte, die wichtigste Rolle zu. Der Jahresbeitrag belief sich auf 6 rtl, zahlbar in 4 Quartalsraten. Daneben findet man auch einen Club-Beitrag von 3 rtl und Zahlungen an zwei Lesegesellschaften, die Krückesche (zweimal 1 rtl) und die Ballhornsche (1 rtl 30 gr); offensichtlich tauschte man Zeitschriften und andere Lektüre in der Art von Lesezirkeln aus.[39] Ähnlich anteilig mögen auch die Ausgaben für die Frankfurter und Cölner (Zeitung) am Jahresende gewesen sein. Darüber hinaus war das Zeitschriftenangebot in der Ressource reichlich; man war bestens informiert. Für das Intelligenzblatt des vergangenen Jahres waren 1 rtl 30 gr fällig.

Im Jahr 1832 nahm man an 5 Bällen teil, im Februar, April und September (je 5 - 7 rtl); die beiden Bälle im Oktober waren preiswerter. Am 3.10. ist neben einem Ball auch ein Konzert im Büchenberg verzeichnet. Am 22. August zahlt man für das Sonderkonzert von Schmidt 1 rtl, am Jahresschlußtag 2 rtl 24 gr Konzertgeld.

Der Eintritt zu den Vorstellungen des 1825 errichteten neuen Hoftheaters mag für den Regierungsrat frei gewesen sein, da er für die Bauten der Neustadt[39a] besondere Verantwortung trug. Immerhin gab es 1832 u.a. eine Aufführung von Beethovens "Fidelio". Am 20. August schließlich ist 1 rtl "für Portraits des Fürsten und der Fürstin" eingetragen.

Sonstige Ausgaben

Für Fahrten standen sicher eigene Wagen und Pferde zu Verfügung; dennoch sind Ausgaben für einige weitere Touren verzeichnet, so nach Lemgo und Paderborn (10 rtl), nach Schwalenberg (3 rtl) und für die Sommerreise (hin: 18 Juli / 6 rtl 18 gr; zurück: 13 August / 4 rtl 18 gr) zum Rittergut Exten. An Porto-Ausgaben, soweit diese nicht bereits in andern Beträgen enthalten sind, bleiben 33 gr.[40]

Wichtig ist schließlich noch der Beitrag zur Witwen-Kasse in Höhe von 7 rtl 18 gr (am 23. März für das Vorjahr). Zur November-Kollekte für den Neubau des Lipperoder Pfarrhauses gab man 2 rtl. Zwei weitere Beträge sind nicht klar zuzuordnen; und natürlich gibt es auch den Posten "Verschiedenes 5 rtl".

Übersicht über die Ausgaben des Jahres 1832

Da die Tabelle nur eine Übersicht über die Verteilung der Ausgaben geben soll, sind die einzelnen Beträge auf volle Taler auf- oder abgerundet. Die Summen weichen deshalb manchmal etwas vom genauen Additionsbetrag der Einzelposten ab.

Monate	Jan.	Febr.	März	Apr.	Mai	Juni	Juli	Aug.	Sept.	Okt.	Nov.	Dez.	Ges.
Zinsen	125	240	67	-	257	108	-	83	270	114	45	159	1468
Julius, Fr.	94	40	50	161	10	126	10	36	175	78	19	68	867
and. Söhne	16	4	10	7	10	3	9	-	5	21	1	11	97
Louise	-	2	-	7	4	10	-	-	-	-	-	-	23
Gesinde	-	6	-	-	123	-	-	-	-	-	-	28	157
Haushalt	70	60	60	70	80	90	70	70	70	80	60	80	860
Einzelpost.	113	4	22	7	4	5	-	37	2	5	11	7	217
Korn	103	-	3	-	27	-	-	2	7	12	12	-	166
Holz, Heu	25	22	7	5	-	-	8	6	-	18	51	36	178
Dienst./Hw.	118	-	5	6	2	4	15	7	2	17	12	5	193
Freizeit	9	30	-	7	3	-	3	2	-	6	7	4	71
Opfer	2	-	-	3	-	1	2	-	6	2	2	1	19
Sonstiges	1	-	8	11	-	7	7	5	8	-	-	17	64
Summe	676	408	232	284	520	354	124	248	545	353	220	416	4380

Der Regierungsrat und spätere Regierungspräsident Christian von Meien: eine Detmolder Beamtenkarriere in der ersten Hälfte des 19. Jahrhunderts

Simon Johann Christian Theodor von Meien wurde am 8. Januar 1781 in Hellinghausen (bei Langenholzhausen) im lippischen Norden geboren.[41] Sein Vater Johann Konrad von Meien (*3. Mai 1732), der aus Velthausen in der Grafschaft Bentheim (Veltheim?) stammte, war der Pächter der staatlichen lippischen Domäne Hellinghausen, für die er nach langjährigen Verhandlungen mit der Fürstlichen Rentkammer am 31. Januar 1791 einen Erbpacht-Kontrakt erhielt.[42] Die vorangegangenen Gutachten lauteten durchaus widersprüchlich: "eine der schlechtesten von allen herrschaftlichen Meiereien", "die Gebäude alt, gebrechlich", die Wiesen z.T. in Steillagen, außerdem richtete die Kalle, die das Gut von allen Seiten umfloß, immer wieder empfindliche Hochwasserschäden an.

Andererseits galten die Ländereien in den Niederungen als sehr fruchtbar. Im Brandkataster sind die Gebäude mit 1350 Rthl veranschlagt: das Wohnhaus mit dem Vorwerk, Stallungen, ein Branntwein-Haus (eine Brennerei) u.a. Im umfangreichen Kontrakt wird der Gesamtwert der Gärten (4 Morgen), Ländereien (409 Morgen), Weiden (56 Morgen), Wiesen (21 Morgen), Fischteiche, Huden und Dienste auf 937 rtl 5 mg 1 3/4 d veranschlagt; der jährliche Erbpachtzins wird nach Abzug der jetzt entfallenden Dienste auf 633 rtl 10 mg 3 d festgelegt, zahlbar in zwei Jahresraten und gebunden an die Roggenpreise. Dieser Besitz bildete den Vermögenshintergrund der Familie von Meien. Von Hellinghausen kamen später Naturalien nach Detmold zur Unterstützung des Haushaltes.

Johann Konrad Meien, dessen Vater Ernst Konrad (*1695, † 1780) "von Meien zu Arste bei Bremen" kam[43], (es handelte sich bei dem Namen also zunächst vermutlich um einen Herkunftsadel, der am 19. Februar 1890 die Anerkennung als Briefadel erhielt), heiratete in zweiter Ehe am 30. Oktober 1770 in Varel/Old. die aus Oldenburg gebürtige Sophie Wilhelmine Maria von Halem (*1753, † 17.3.1788 auf Hellinghausen). Aus dieser Ehe stammte Christian, der einzige Sohn. Als Johann Konrad von Meien am 30.12.1799 starb, hinterließ er außer diesem noch vier Töchter, von denen eine mit dem Receptor Pustkuchen verheiratet war. Der zeigte der Rentkammer den Tod seines Schwiegervaters an und sorgte für vormundschaftliche Verwaltung bis zur Großjährigkeit des Sohnes.[44]

Der Fürstl. Lipp. Rat und Amtmann Adolf Pustkuchen (*12.2.1766, † 28.11.1854) hatte am 15.8.1754 die älteste Schwester Christians geheiratet, Wilhelmine Sophie Elisabeth von Meien (*11.9.1771 Hellinghausen, † 19.8.1814 Detmold). Nach deren Tode heirate er in Detmold am 16.12.1815 in 2. Ehe eine jüngere Schwester Christians, Konradine Wilhelmine Charlotte von Meien (*8.2.1788 Hellinghausen, † 10.1.1856 Detmold).[45] Diese verwandschaftlichen Verknüpfungen sollten für die Stellenbesetzungen in der Residenzstadt noch eine gewichtige Rolle spielen: Die Tochter Anna Friederike (*29.7.1807, † 26.3.1833) aus 1. Ehe heiratete am 18.4.1826 den Archivrat Friedrich August Peter Wasserfall (*1.4.1793, † 23.11.1838), der dank seiner Beziehungen ganz gegen die Wünsche Clostermeiers dem Dichter Christian Dietrich Grabbe die Stelle des Bibliothekars wegschnappte, die vielleicht dessen weiteren Lebensweg anders geführt hätte. Nach Annas Tod heiratete Wasserfall übrigens am 16.12.1837 die jüngere Stiefschwester aus 2. Ehe Mathilde Ottilie Marie (*16.1.1816, † 18.5.1897). Das Netz war dicht.

Nach dem Jurastudium in Göttingen wurde Christian von Meien "unter die Zahl der expektivierten Advokaten in Lippe aufgenommen"[46], erhielt am 27.1.1807 die Stelle eines Auditors am Amt Schötmar, wurde 1809 Amtsassessor. Da es ihm die Amtsgeschäfte nicht erlaubten, von Schötmar aus die Verwaltung seiner Erbpacht-Domäne Hellinghausen zu übernehmen, sorgte er 1811 nach dem Tod des Amtsverwalters Meyer († 1810) für eine Afterverpachtung an den Conductor Gosker aus Horn auf 6 Jahre, darauf an Cronemaier.[47] Der Erbpachtzins hatte sich inzwischen auf jährlich 731 Rtl 21 gr 10 d erhöht.

Mit der Stelle in Schötmar war für Christian von Meien der Grundstein einer Karriere gelegt, die ihn nach fast 50 Dienstjahren bis in die Position des Regierungspräsidenten heben sollte. Er war durch die bescheidene Besoldung, vor allem aber duch das Erbpacht-Gut finanziell abgesichert und heiratete am 27.September 1809 Johanna Louise Wilhelmine Grimmell (*3.April 1791 Schötmar, † 2.Mai 1862 Exten), eine Tochter des Amtsrates Johann Wilhelm Ludwig Grimmell und der Christine Henriette, geb. Schröder. Die Grimmells hatten auch eine Firma in Bremen; dort war ein Bruder des Vaters als Kaufmann tätig, Siegmund Wilhelm Grimmell, Gutsbesitzer von Exten. Nach dessen Tod erbte Louise das Gut und nannte sich daraufhin Herrin von Exten.[48]

Noch in Schötmar wurden die beiden ältesten Söhne geboren, die als Studenten bei den Ausgaben des Jahres 1832 gewaltig ins Geld ziehen: Friedrich Wilhelm, im Anschreibebuch Fritz genannt, am 3.Mai 1810, später einmal Militär-Auditeur auf Grabbes ehemaligem Posten in Detmold, und Julius am 18.4.1812, der es zum Kgl-preuß. Obersten brachte. Am 20.4.1813 wechselte Christian von Meien an das Amt nach Horn als Justizbeamter und Richter nebst Beilegung des Charakters eine Amtsmannes.[49]

Nach diesem Routinebeginn einer lippischen Beamtenkarriere gelingt überraschend der entscheidende Durchbruch: Durch ein Handschreiben der Fürstin Pauline vom 11. Februar 1817[50] wird Christian von Meien auf deren ausdrücklichen Wunsch wegen seiner erwiesenen Befähigung zur Unterstützung von Kammerdirektor Helwing aus Horn nach Detmold gerufen. In einem weiteren Schreiben werden besonders sein Fleiß und seine Geschicklichkeit hervorgehoben. Der frischgebackene Regierungsassessor mit einem Jahresgehalt von 800 Rtl. behält sich zwar vor, das neue Amt in Detmold erst Johanni anzutreten, nimmt aber umgehend an Sitzungen teil und übernimmt auch einzelne Geschäfte.

Dabei wäre die so erwartungvoll begonnene Detmolder Karriere des Christian von Meien beinahe bereits nach wenigen Monaten durch einen schlimmen Unfall wieder beendet gewesen. Wie die

Fürstin Pauline persönlich am 12. Januar 1818 dem Legationsrat von Scherff in Frankfurt berichtet:

"Vor acht Tagen kehrte der Rath v. Meien von Oesterholz Abends mit dem Schlitten zurück, am letzten Berg von Heiligenkirchen herab konnte er die Pferde nicht halten, der Schlitten schleudert um, er fällt auf einen Chausseepfahl, bricht den rechten Arm und bekommt eine äußerst heftige Erschütterung der Brust und der Gedärme, 36 Stunden glaubte man ihn dem Tode nah, jetzt scheint er ausser Gefahr und auf dem raschen Weg der Genesung. Der Umstand, daß seine Gattin ihm 14 Tage vorher den 5. (?) Sohn geboren, machte die Sache noch trauriger, auch war die Theilnahme allgemein und ich litt auch meinerseits sehr lang in (?) dem Gedanken, einen braven, geschickten jungen Mann so unbegreiflich schnell dem Tode entgegenwallen zu sehen."

Diesen Brief hat Barkh[ausen?] abschreiben lassen und am 21.3.1878[51] seinem Freund (August von Meien ?) mit der Bemerkung geschickt, daß ihm der Brief der Fürstin Pauline Freude bereiten werde, "indem daraus zu ersehen ist, daß diese hohe Frau große Stücke auf Deinen seligen Vater gehalten hat." Der jähe Sturz vom Schlitten bedeutete jedoch kein schlechtes Omen für Christian von Meien, der sich von den Folgen des Unfalls wieder erholte.

Inzwischen bereitete er sich auf den Umzug in die Residenzstadt vor. Das brachte, wollte er dort standesgemäß wohnen und leben, sicher einige Umstände mit sich, vor allem finanzielle. Denn die Familie war in Horn am 3. Januar 1814 um einen weiteren Kopf angewachsen: August Konrad Wilhelm, später einmal Fürstl.Lipp. Geheimrat. Die vielen Klavier-, Reit- und Privatstunden in neuen Sprachen haben sich also rentiert.

Der Erwerb des nach dem Tod des Obermarschalls von Donop († 5.Nov.1819) zum Verkauf anstehenden Hauses in der Neustadt war nicht von langer Dauer. Zwar bewilligte man aus der Militär-Kasse auf von Meiens Gesuch am 4.Juli 1819 hin zum Ankauf des Hauses ein Darlehen von 3000 Rtl zu 4% gegen entsprechende Obligationen[52]. Bereits am 20.April 1823 war das Haus, angeblich für 5000 Rtl in Gold, an den 'Banquier' A.Solmson weiterverkauft. Der sollte noch an dem Darlehen und einer weiteren Militärkassenschuld von 2000 Rtl hart zu beißen haben. Als er in Konkurs geriet, gingen Schulden und Haus an den 'Banquier' Nathan Spanjer Herford über, der 1829 die zusätzlichen 2000 Rtl an die Militär-Kasse zurückzahlte. Das ursprünglich von Meiensche Darlehen wurde erst 1843 durch die von Donopschen Erben abgelöst. Das Beispiel belegt, wie man damals zu einem repräsentativen Haus kam.

In Detmold wuchs inzwischen die Kinderschar stetig weiter an: Am 13.Februrar 1820 wurde Theodor geboren, der 1832 in die Tertia des Gymnasiums eintritt und später einmal zum Fürstl. Lipp. Hauptmann avanciert; am 31.12.1825 Emil, der als Herr von Exten das Erbe der Mutter antreten wird. Im Jahr 1832 erhält er lt. Anschreibebuch einen Kittel wie auch sein jüngerer Bruder Wilhelm, der spätere Hofbaurat, der am 28.Januar 1828 bereits im neu erworbenen Haus der Familie geboren worden ist. Das 7. und letzte Kind ist schließlich nach sechs Söhnen ein Mädchen: Mathilde, geb. am 13.Mai 1833, verbringt ihr Leben später als Stiftsdame des adeligen Damenstiftes in Lippstadt.[53]

Im Jahr 1826 hatte von Meien endlich das richtige, in der kleinen Residenzstadt unübersehbare Familien-Domizil gefunden: das repräsentative Eckhaus Hornsche Straße/Allee, in dessen steinernem Eingangsbogen noch jetzt die Jahreszahl 1724 zu lesen ist (Abb. 1). Nach der Übernahme durch den Besitzer des alten Gasthauses "Im Lippischen Hofe" (später "Zum Falken"), August Müller, im Jahr 1865 und nach der Aufstockung und dem gotisierenden Umbau wurde das Haus zum heute noch bestehenden "Hotel zum Lippischen Hof".[54]

Das Haus Hornsche Str.1 ist schon vor 1724 nach dem Erlaß des "Neustädter Privilegs" vom 2.Mai 1708 zusammen mit den Häusern Allee 2 und 4 von dem Kammerrat Kühnemann erbaut worden und hatte seitdem mehrmals die Besitzer gewechselt, es waren in der Regel Kammerräte. Bis 1825 zahlte die Witwe des Kammerrats Gerke[55], vermutlich die Vorbesitzerin, die Kontribution für das Haus, ab 1826 der Regierungsrat von Meien. Das Haus trägt die Nr. 12 in dem Verzeichnis, das Regierungsrat von Meien am 1. September 1845 als Neustädter Kommissar gemäß der Verordnung über die

Vereinigung von Altstadt und Neustadt Detmold aufstellen ließ.[56] Das Kataster der Stadt Detmold (1847-57)[57] nennt von Meien ebenso als Besitzer wie das Salbuch (1854-89).[58] Dort ist das Wohnhaus mit 4 rtl 15 gr taxiert, dazu sind zwei Gärten eingetragen, einer hinter dem Haus, der andere am Hiddeser Berg, "5 Scheffel, 7 Metzen" groß. Die landesherrschaftliche Abgabe betrug davon 1 Scheffel 4 Metzen Roggen und 5 kleine Metzen.[59] (Abb. 2)

Zu dem geräumigen Haus gehörten Nebengebäude für Vieh und Wagen sowie ein Garten. In einem Antrag vom 20. Oktober 1841 auf Ausleihe von 1500 Rtl Kapital aus der Irrenkasse nennt Christian von Meien zur Sicherung der Obligation seine hiesigen Grundgüter: "massive Häuser und Gärten", das Wohnhaus in "vorteilhafter Lage, Räumlichkeit und solider Bauart". Dieses sei "mit 12 000 rthl nicht zu hoch veranlagt", dazu ein Garten am Steinstoß, "3 Scheffel groß (allein im Werth von 1 500 rthl)", wie Piderit am 19. Dezember 1841 in seiner Befürwortung des Antrages schreibt.[60]

Christian von Meien hatte also zu den Männern gehört, welche die umsichtige Fürstin Pauline höchstpersönlich zur besseren Organisation und Verwaltung ihes kleinen Landes in die Residenz holte. (Abb. 3) Warum machte sie gerade den 36jährigen Amtmann in Horn, der doch nicht zu den bekannten Detmolder Beamtenfamilien gehörte, zur Entlastung von Helwings zum Regierungsassessor? Kiewning entwirft in seinem Buch über die Fürstin Pauline[61] folgendes Bild von ihm: "Meien [...] war wohlhabend, allgemein beliebt, immer froher Stimmung, ausgezeichnet auf jede Weise. Eine junge und hübsche Frau und mehrere Kinder belebten seine feine und behagliche Häuslichkeit, die jeder Geselligkeit gastfreundlich offen war." Das klingt wie eine typische Biedermeier-Idylle.

Dieser von Meien war also ein repräsentativer Mann, der, wenn die Lithographie von E. Ritmüller (nach einem Gemälde von J. Geißler) nicht geschönt ist, gepflegt und gut aussah, opitmistisch und unternehmungslustig dreinblickte, dazu gesellig war und über beträchtliche Geldmittel zu verfügen schien. Das alles mußte der Fürstin willkommen sein, die mit Besoldung und Titeln sehr sparsam umging und von Orden nichts hielt.

Besonders gelegen kam ihr der "unternehmende Geist" des neuen Regierungsassessors; "er liebte Projekte", bemerkte nach Kiewning der "alte mißvergnügte Grämler" Archivrat Clostermeier, welcher derlei für pure "Windbeuteleien" hielt.[62] Vielleicht witterte er, daß da zwischen glänzendem Auftreten und solider Absicherung der Projekte doch ein gewisses Mißverhältnis bestand?

Bereits in den nächsten Jahren bestätigte es sich, daß die Fürstin Pauline mit der Ernennung des vielseitigen Christian von Meien einen guten Griff getan hatte. Kiewning erwähnt dessen Aktivitäten im Zusammenhang mit den Verfassungsstreitigkeiten im Jahre 1818 und mit der neuen preußischen Zollordnung[63], welche die heimische Wirtschaft zu ruinieren drohte.

Vor allem macht von Meien Vorschläge zu Verkehrs- und Neubauprojekten in einer Zeit, in der die kleine Residenz ihre Bewohner kaum noch fassen kann, jedenfalls nicht innerhalb der alten Stadtmauern. Für Jahrzehnte wird der Regierungsrat der wichtigste Mann für die Koordinierung des Ausbaus der Neustadt, später als Kommissar der Neustadt bis zur Vereinigung der Alt- und Neustadt Detmold im Jahre 1845. Von 1825 an, in dem die Polizei-Kommission "auch baupolizeiliche und bauplanende Vollmachten" erhielt, bis zur Auflösung der Neubau-Kommission 1849 war von Meien "eine Art Bauderzernent, der für die seiner speziellen Kontrolle unterliegenden Neubauten sogar eine eigene Rechnungsführung unterhielt."[64] Peters bescheinigt in seinem Aufsatz über die Baugeschichte der Stadt Detmold dem Regierungsrat, daß er 30 Jahre lang die "sich entwickelnden städtebaulichen Aufgaben 'mit wenigen Ausnahmen speziell förderte' und organisatorisch aufs beste meisterte." Dabei sei von Meien kein "Baumensch" gewesen, "aber begabt mit einem ausgesprochenen Sinn für architektonische Dinge und getrieben von einer lebhaften Passion für die ihm gesetzten städtebaulichen Aufgaben."[65] Durch diese Maßnahmen habe von Meien "in weitblickender Weise den Boden für eine systematische Ausweitung der Stadt bereitet."[66]

Die erste bedeutende Aufgabe war der Bau der Häuser an der Allee gegenüber der bestehenden Häuserreihe. Der Regierungspedell Emmighausen berichtet in seiner Chronik: Zum "8.Juni 1818 wird der

Anfang mit dem Bau eines neuen Hauses in der Allee gemacht, worüber der Rath von Meien, Cammerrath Gerke und Lieutnant Steffen die Aufsicht hatten."[67] Um dem Projekt den rechten Schwung zu geben, führte von Meien mit dem Einverständnis der Fürstin Pauline, die Geschmack an solchen Methoden hatte, im Februar 1819 eine Lotterie durch. Mit deren Hilfe sollte durch Verlosung des stattlichen klassizistischen Hauses Allee Nr.1 der Ausbau der 2. Häuserreihe am Kanal in Gang gesetzt werden, "zum besten der nur mit Mühe noch unterkommenden Staatsdiener".[68] Die Lose zu "1 Ld'or oder 5 Rthlr. 12 gr Münze zu der Höchstlandesherrlich genehmigten Lotteriemässigen Verloosung des auf der Neustadt Detmold gebauten Hauses mit dazu gehörigem Garten", die das Bild des perspektivisch leicht verrutschten Hauses zeigen, zeichnete er selbst ab, z.T. auch der Kammerrat Gerke (Abb. 4)

Zwar konnte der glückliche Gewinner, der Bauer Noltemeyer aus Bremke, das Haus gar nicht gebrauchen und ließ es deshalb versteigern; doch der Anfang war geschafft, auch wenn sich nach der Verlosung im März 1820 trotz der 2000 aufgelegten Lose ein Defizit von 500 rtl ergab, die aus einem Sonderfonds der Fürstin Pauline gedeckt werden mußten.[69] Clostermeier mag sich in seinem Argwohn gegen Projekte bestätigt gefühlt haben.

An höchster Stelle war man mit der Tätigkeit des Regierungsrates von Meien offenbar sehr zufrieden. So stellte man ihm bereits am 28. Dezember 1819 eine jährliche Gehaltszulage von 100 rtl in Aussicht, zahlbar ab 1. Januar folgenden Jahres.[70] Am 28. August 1821 gewährte Serenissimus seinem Militärreferenten, der ab 1822 auch für die obere Polizeiaufsicht zuständig war, "zur Bezeichnung höchster Zufriedenheit über seine Dienstgeschäfte, besonders in Militair-Angelegenheiten bewiesenen ununterbrochenen Fleiß, Eifer und Treue eine jährliche Gratifikation von 100 rtl." Auf Vorschlag von Piderit gab es 1831 eine Sondergratifikation in Höhe von 200 rtl "für besondere Anstrengungen" wegen der schleunigen Ausrüstung des lippischen Bundes-Contingents, das am 26. Mai nach Luxemburg abmarschierte.

Den Hauptanteil der Arbeit mit der Aufstellung des lippischen

Bataillons hatte freilich der Militär-Auditeur Grabbe gehabt. Schon Ende Januar 1831 klagt er in einem Nachsatz an seinen Freund und Verleger Kettembeil:

> "Ich habe beizu ungeheuer mit Soldaten-Einrolliren, Brüche, Ausfall des Mastdarms der angebl. Dienstuntauglichen zu untersuchen, Stellvertreter zu stellen, Pässe zu visieren pp. zu thun."[71]

Und noch am 25. Juni des Jahres schreibt er an Louise Clostermeier:

> "Ei, ich hab seit Februar kaum essen können, denn selbst wenn ich zu meinen Eltern deshalb flüchtete, war ich belagert [...]. Bedenken Sie, was es heißt, unerwartet, schnell, wie noch nie geschehen, in ein paar Wochen ein Contingent bilden zu helfen."[72]

Die Gratifikation für diese Mehrarbeit erhielt sein Vorgesetzter, der sich über die handschriftliche Anmerkung des Fürsten Leopold II. (Abb. 5) auf Piderits Vorschlag-Schreiben freuen konnte:

> "Ich habe die Gelegenheit gehabt, den Eifer und die Bemühung des Regierungsrathes von Meien zu bemerken und ist mir angenehm ihm deshalb meine Anerkennung beweisen zu können, und halte eine Gratifikation von 200 rtl aus der Militär-Casse für passend."

Am 11. 6. 1832 schließlich wird die jährliche Gratifkation sogar auf 200 rtl erhöht, zahlbar vom 1. Juli an. Damit liegen für die Zeit der Niederschrift der Ausgaben 1832 mit einer Gesamthöhe von 4380 rtl die Einnahmen aus der Beamtenposition von Meiens bei 1100 rtl zuzüglich Sondergratifikation und Sporteln. Das ist etwa 1/4 der Ausgabensumme und deckt nicht einmal die Zinszahlungen.

Der umgehende Dank des Regierungsrates für die gewährte Gratifikation spiegelt in der manierierten Formelhaftigkeit der Unterwürfigkeitsfloskeln und Superlative die Situation eines hohen Beamten in der Residenz im Verhältnis zu seinem Fürsten wider[73]:

Durchlauchtigster Fürst,
Gnädiger Fürst und Herr!

Ew. Hochfürstlich Durchlaucht höchster Gnaden-Beweis durch huldvolle Verleihung einer Zulage fordert mich zu tiefgefühltem, unterthänigsten Dank auf. Mögte höchstdieselben daher den aufrichtigsten Ausdruck desselben in diesen ehrerbietigsten Zeilen gnädig aufnehmen und Höchst Sich überzeugt halten, daß ich eine nie erlöschende Dankbarkeit durch die unbegränzte Ergebenheit und unwandelbare Treue bestätigen werden, in welcher ich ersterbe

                        Ew. Hochfürstlichen Durchlaucht

                              unterthänigster Diener
                              v.Meien ./.

Detmold
d 12. Juni
1832

Der Militärreferent Christian von Meien und sein Militärauditeur Grabbe

Als der Advokat Christian Dietrich Grabbe (Abb. 6) sich am 15. Oktober 1826 in einem Gesuch an den Militärreferenten Christian von Meien wendet, ob er "in eventum die interimistische Dienstbesorgung des jetzt kränklichen Auditeurs Rotberg übernehmen"[74] könne, befürwortet der Regierungsrat das Gesuch umgehend. Am 17.Oktober berichtet er der Regierung u.a.:

> "Wenn ich nun die in hiesiger Residenz wohnenden Subjecte durchgehe, welche sich vorerst und ohne Hoffnung der Nachfolge als Gehülfen des p Rotberg qualificiren mögten; so glaube ich bey dem Advocaten Grabbe stehen bleiben zu können, da er sich nicht nur theoretisch sondern ex post auch schon practisch in verschiedenen Geschäften qualificirt und seine Verlaßbarkeit und Solidität gezeigt hat. [...]
> Ich erlaube mir daher, den Advocaten Grabbe als einstweiligen Substituten und Gehülfen des Auditeurs Rotberg für die Militairgerichts-Arbeiten unterthänigst in Vorschlag zu bringen, und werde, falls solches gnädigste Genehmigung erhält, die Instruction und Beeidigung aufs baldigste befördern. Wegen der Bedingungen muß ich dann freilich mit dem p Grabbe Rücksprache nehmen; doch weiß ich im Voraus, daß er das Geschäft unter jeder Bedingung übernimmt und auch in pecuniärer Hinsicht höchst billig denkt. Streng genommen würde ihn der Auditeur Rotberg während seiner Krankheit belohnen müssen."[75]

Bereits zwei Tage später genehmigt Fürst Leopold diesen Vorschlag. Grabbe erscheint noch am 19. Oktober persönlich beim Regierungsrat, erklärt sich zur Übernahme der Geschäfte bereit und dankt "ehrerbietigst für die auf ihn genommene gnädigste Rücksicht." Damit wird Grabbe Substitut Rotbergs und nach dessen Tod Anfang 1828 selbst Auditeur; der Militärreferent Christian von Meien aber ist für 8 Jahre von 1826 - 1834 Grabbes Vorgesetzter, der sich trotz aller auftauchenden Schwierigkeiten immer wieder für seinen eigenwilligen Dienstuntergebenen einsetzt.

Freilich entscheidet der Regierungsrat noch am Tage der Vereidigung Grabbes, am 25. Oktober 1826, bei der Besetzung eines anderen Postens, der dem jungen Dichter sicher mehr gelegen hätte, gegen diesen. Der 75jährige Clostermeier hatte in einem ausführlichen Schreiben an den Fürsten "submissest" mit vielen lobenden Details den Antrag gestellt, den belesenen Grabbe zu seinem Nachfolger als Archivar zu machen.[76] Die Sache zog sich hin, bis man sich zur Verbitterung Clostermeiers für den Bibliothekar Wasserfall entschied, obwohl dessen Gesuch um eine Stelle gerade erst zwei Tage alt war. Diesmal gutachtete der Regierungspräsident, Kanzler von Funck, für Wasserfall, der freilich nicht Nachfolger Clostermeiers, sondern nur dessen Substitut wurde; eine sparsame Lösung. Die übrigen Mitglieder der Regierung schlossen sich dem Gutachten an, darunter auch von Meien, "ohne die Qualifcation des Advocaten Grabbe in Zweyfel ziehen zu wollen, darf doch unterthänigst bemerkt werden, daß derselbe noch keine Beweise davon gegeben hat, und daß demselben auf jeden Fall die praktische Ausbildung abgeht, [...]".[77]

Die Argumente klingen durchaus sachlich; was verwundert, ist die Eile, mit der die beiden Entscheidungen jetzt plötzlich getroffen wurden. Der vorgezogene Wasserfall[78] war wie sein Vater als Kammerregistrator Mitglied der Rentkammer, deren Kassenrendant Pustkuchen und deren Advokat Barkhausen war. Wasserfall hatte am 18.4.1826 geheiratet. Seine Frau Anne Friederike war eine Tocher des Rezeptors Pustkuchen, der nacheinander zwei Schwestern von Meiens geheiratet hatte.[79] Man war also unter sich. Erstaunlich genug, daß man Grabbe, dessen Eltern nicht zu diesen höheren Beamtenkreisen gehörten, den Auditeur-Posten gönnte![80] Oder hat von Meien ihn einfach dorthin gelobt, damit der andere Posten für den Mann seiner Nichte freiblieb?

Nachdem Grabbe auf sein Gesuch und die Empfehlung von Meiens hin am 9.1.1828 den Posten des Auditeurs (mit dem Rang eines Seconde-Lieutenants) und eine Woche später die Bestallung und Instruktion erhalten hatte[81], besaß er neben seinen Einkünften aus der Advokatur ein geregeltes, wenn auch mit monatlich 12 rtl (später 18 rtl, zuletzt 24 rtl) plus Sporteln im Vergleich zu seinem Vorgesetzten bescheidenes Einkommen. Dazu kam, und das war für den Sohn eines Leihekassen- und Zuchthausverwalters wichtig, ein gewisses gesellschaftliches Renommee und eine "elegant und nobel eingerichtete" Wohnung mitten in der Stadt. Freilich fühlte er sich bald von der Fülle der Dienstgeschäfte, die er in seiner Wohnung erledigte, überhäuft. Schließlich hatte der Militär-Auditeur von Lippe u.a. immerhin die Gerichtsbarkeit über 1200 Mann Soldaten (Aktive und Reservisten). Das aber bedeutete: Krankschreibungen, Heiratskonsense, Alimenteprobleme und Schwierigkeiten mit den leidigen Desertationen ins nahe gelegene Ausland. Schlimm, wenn dann noch schleunigst ein neues Kontingent aufgestellt werden mußte! (Abb. 7)

Dennoch betrifft der Briefwechsel mit seinem Vorgesetzten in diesen Jahren keineswegs nur dienstliche Angelegenheiten. So schickt Grabbe am 10.Januar 1828 von Meien drei Rezensionen[82] seiner Werke zu und am 6.Januar 1829 eine Notiz der Redaktion der Frankfurter "Iris" über *Don Juan und Faust,* weil er das Stück selbst noch nicht übersenden konnte.[83] Offensichtlich nimmt der Regierungsrat regen Anteil an der dichterischen Produktion seines Auditeurs.

Als Grabbe im Dezmber 1829 beim Fürsten um Erhöhung der Gage einkommt, unterstützt von Meien das Gesuch mit einer sehr positiven Empfehlung: "Er ist fleißig, prompt, in practischer Geschicklichkeit zunehmend, ehrliebend und nicht zum Sportuliren geneigt, er bedarf keines Sporns zur Arbeit."[84] Doch das Anwachsen der Amtsgeschäfte ist Grabbe bei der dichterischen Tätigkeit hinderlich, die Geldknappheit drückt. So schreibt er am 14. Januar 1832 an den Schulfreund Moritz Leopold Petri:[85]

"Lieber Petri
ich wollte, wie ich Dir sagte, euch auf heute einladen. Es geht aber nicht. Ich erwarte Sporteln und Zinsen, — nichts ist eingetroffen, und es wird den Leuten gehen wie mir, sc. daß sie mit Neujahrsrechnungen kämpfen. Ich kann also über mein persönliches tägliches Fixum (1 rthlr. 12 gr.) nicht hinaus, und habe triftige Gründe auch keine Schulden zu machen."

An diesem Tag verzeichnet von Meien in seinem Haushaltskalender folgende Ausgaben:

Jan. 14. 6 Klafter Holz zu sägen   7   rthl
- Haushalt   10   -
- Zinsen an Barkhausen   125   -

Das sind ganz andere Beträge als Grabbes Tages-Fixum von 1 rtl 12 gr!

Als es nach langem Hin und Her am 6. März 1833 doch zur unglückseligen Ehe Grabbes mit der 10 Jahre älteren Louise Clostermeier kam, der Tochter seines inzwischen verstorbenen Gönners, hatte den Heirats-Consens des Fürsten wie immer von Meien gegengezeichnet. Schon vier Monate später mußte der Regierungsrat, der Grabbe wohlgesonnen war und sicher einen Skandal im Hause seines Auditeurs vermeiden wollte, beim Streit zwischen den Eheleuten um einen Kasten mit 300 Talern vermitteln. Als die Witwen-Kasse das für sie bestimmte Geld nicht angenommen hatte, gab Louise den ominösen Kasten dem Forstsekretär Kästner zur Aufbewahrung, dem Mann ihrer Freundin.[86] Am 10. Juli 1833 bedankt sich Grabbe schriftlich bei seinem Vorgesetzten für diesen Vermittlungsversuch und bittet um einen Gesprächstermin. "Ich habe von meiner Frau Vermögen nichts verbraucht, gab ihr meine monatliche Gage, und mehr, weiß nicht einmal, worin ihr Vermögen besteht."[87] Noch zwei weitere Briefe in dieser Angelegenheit folgen.

Natürlich war es auch der Militärreferent von Meien, der schließlich trotz allen Wohlwollens Grabbes Entlassung aus dem Auditeur-Amt aussprach. Dieser Vorgang, der in den bekannten Biographien durchaus unterschiedlich dargestellt wird, vollzog sich in verschiedenen Phasen. Wegen einer ernsten Erkrankung Grabbes waren im Januar 1834 Rückstände entstanden. Eilige Angelegenheiten wurden verzögert, so daß Obrist Böger um einen Substituten nachsucht und dabei Pustkuchen benennt. Da dieser bittet, ihn mit dem unangenehmen Auftrag zu verschonen, schlägt von Meien u.a. Friedrich Preuß vor, den ältesten Sohn des Legationsrates und Prorektors, der den Söhnen des Regierungsrates regelmäßig Privatstunden erteilt hatte.[88]

Grabbe reagiert darauf mit einer Eingabe an den Fürsten, der wieder weist ihn an die Regierung zurück. "Für ein förmliches Abschieds-Gesuch kann man seine Eingabe nicht annehmen;" interpretiert Regierungspräsident Eschenburg sarkastisch, "er will einige 100 rthlr, also so viel als sein jetziges Gehalt, ferner beziehen und dafür nicht seine Auditeurs-Geschäfte verrichten, sondern Dichtungen herausgeben..."[89] Grabbe hatte wohl an eine Art Dichter-Pension gedacht, aber eine Gehaltserhöhung gefordert; in Preußen, meinte er, seien für diesen Posten 500 rthlr außer den Sporteln üblich; Alternative: eine kleine Pension.[90] Man schiebt diese drängende Unentschlossenheit auf die "höchst unglückliche Ehe"; von Meien soll mit dem "bedauernswerten Manne" reden.[91]

In der Antwort vom 11. Februar wird das Gesuch abschlägig beantwortet.[92] Dagegen rügt man "mancherlei Unordnungen und Verzögerungen" und schlägt u.a. geregeltere Arbeitszeiten vor und die Verrichtung der Amtsgeschäfte im Dienstzimmer des Militärgerichts. Grabbe, der dieses Reskript noch nicht kennt, schreibt am 12. Februar an den Regierungsrat von Meien:[93]

> Hochgeehrtester Herr Regierungsrath! Sie haben mich als Vorgesetzter so gut, als wie jüngst als Freund behandelt. Nie, nie habe ich Grund gehabt, irgend über Sie zu klagen. Sie werden Serenissimo das Nöthige, welches wir neulich besprochen, vorgestellt haben. Ich erwarte die Entscheidung."

Den "verwickelten Posten des Auditeurs" will er noch so lange beibehalten, bis er ihn "makellos abgeliefert" hat. Dann folgt ein etwas pathetisch klingender Satz, der auf das gute persönliche Verhältnis zu seinem Vorgesetzten hinweist: "Können Sie etwas Gutes für mich dabei thun, so soll Ihr Name in der Geschichte über dem meinigen stehen." An einem aber läßt er keinen Zweifel: "Auditeuer bleib' ich nicht, außer so als Ihr Bericht es Serenissimo vorgestellt hat. Wo möglich: w e g   d a m i t!"

Nun überkreuzen sich die Briefe, überstürzen sich die Ereignisse. Noch am gleichen Tage berichtet von Meien dem Fürsten über seine Unterredung mit Grabbe.[94] Er hatte diesen darauf aufmerksam gemacht, daß der Dienst eines Auditeurs nicht so schwierig und zeitraubend sei, wie er ihn darstelle, hatte Fehler und deren Abstellung im Zusammenhang mit der Dienstvernachlässigung erörtert und war auf die wesentliche Ursache der Anhäufung solcher Vorfälle zu sprechen gekommen: auf die häuslichen Verhältnisse. Da Grabbe nach dieser anderthalbstündigen Unterredung offensichtlich eingesehen hatte, daß er sich den Geschäften "mit verdoppelter Thätigkeit" widmen müsse, statt eine Zulage zu fordern, bat von Meien den Fürsten um Nachsicht. Der dankte für die gütige Aufklärung; alles schien noch einmal geregelt.

Grabbe dankt am 14. Februar von Meien, den er überschwenglich als "Hochwohlgeborener, Hochgeehrtester Herr Regierungsrath! und e d l e r F r e u n d!" anredet. "Ordnung muß seyn, Ich muß und will sie halten, s e l b s t oder d u r c h P r e u ß. Glücklich bin ich sonst n i c h t. Ohne H ä r t e, die mir schwer wird, bin ich v e r l o r e n."[95]

Doch bereits am nächsten Tag, als Grabbe endlich das Reskript mit der abschlägigen Haltung und den Tadeln erhalten hat, klingt das anders:[96]

"Eben les' ich das sicher s e h r w o h l g e m e i n t e Rescript vom 11ten d.M. Wir Menschen haben Irrthümer, und ich muß m e h r thun als im Rescript steht.

Doch, doppelte Rollen (Auditeur und Poet) spiel' ich nicht mehr. Ich suche um meinen Abschied nach, noch heute.

Das thut — ach — rathen Sie nur! —
In Tod und Leben
Ihr
gehorsamster Grabbe."

Tief getroffen reicht Grabbe an diesem 15. Februar ein Abschiedsgesuch an den Fürsten ein:[97] "Mein Herz ist Blut. Mein Fürst! ich bitte um meinen A b s c h i e d. Ein s c h l e c h t e r Diener will ich nicht seyn." (Abb. 8)

Noch einmal versuchen Freunde und Gönner zu helfen. Auf Vermittlung von Kanzleirat Petri schreibt von Meien am 25. Februar an den Fürsten:[98] "Der Auditeur Grabbe ist krank an Leib und Seele";

man solle den gemütskranken Zustand bei der Beurteilung des Abschieds-Gesuches in Betracht ziehen. Eine sofortige Entlassung sei nicht tunlich, vor allem auch wegen der Unordnung in den Dienstangelegenheiten. Statt dessen schlägt man einen Urlaub von 6 Monaten unter Beibehaltung der Gage vor und die Ordnung der Geschäfte durch den erfahrenen Auditor Pustkuchen anstelle von Preuß. Grabbe erklärt sich mit der Modifikation seines Gesuches einverstanden und schreibt über Pustkuchen: "Er ist mir schon lange ein tüchtiger Bekannter (ich möchte 'Freund' sagen) gewesen."[99]

Als am 11. März der Urlaub gewährt wird, bedankt sich Grabbe beim Fürsten und seinem Vorgesetzten wieder mit Überschwang. Am 26. April schickt er von Meien seine Einladung:[100]

> "Hochwohlgeborener,
> Hochgeehrtester Herr Regierungsrath!
> Besuchen Sie uns auch heute Nachtmittag? Sie sind willkommen wie ein Frühlingsstrahl! Meine Frau wünscht es mit mir. Von Geschäften ect. wird nicht gesprochen, nur etwas Wein getrunken. Eine kleine Antwort!
> Detmold den 26 April 1834.
> Gehorsamst
> hochachtungsvollst
> Grabbe."

Als das Ende des Urlaubs nahte, sah sich Grabbe wegen seiner Krankheit nicht in der Lage, den Dienst wieder anzutreten, und bat um zwei Monate Verlängerung unter Beibehaltung der Gage. Die Antwort kam prompt, aber anders als erwartet: keine weitere Beurlaubung mit Bezug der Gage, oder Amtsniederlegung mit Fortbezug der Gage bis Ende des Jahres. Für die Entscheidung gab man Grabbe acht Tage Bedenkzeit.

Am 12. September 1834 schrieb Grabbe an den Militärreferenten: "Ich kann Serenissimo und der Regierung nur danken für die Resolution vom 9. Sept. 1834. Mein Geist wächst nun wieder wie frisches Gras. Zu erinnern habe ich nichts; die Befehle befolg' ich."[101] Für den nächsten Tag um 10 Uhr kündigte er seinen Besuch an. Der Inhalt dieser entscheidenden Unterredung, die Bergmann zunächst für eine Legende hielt,[102] wird von den frühen Biographen Duller[103]

und Ziegler[104] ziemlich übereinstimmend berichtet, wohl nach der Erinnerung von Louise Grabbe.
Grabbe habe sich am 14. September (Bergmann meint am 13. September) zu seinem Vorgesetzten von Meien begeben, um die Angelegenheit mit diesem zu besprechen. Heiter habe er zu seiner Frau gesagt, er hoffe auf Wiederaufnahme der Amtsgeschäfte am 1. Oktober; "leichenblaß" sei er von der Unterredung zurückgekommen. Er habe mit dem Satz begonnen: "Nun, Herr Regierungsrat! Ich muß wohl um meinen Abschied nachsuchen?", worauf dieser geantwortet habe: "Das sei ihm gar nicht zu verdenken, er habe Recht; ein Mann wie er könne mit der Schriftstellerei mehr erwerben und es sei erfreulich, wenn er bei seinen Talenten, nun mit erneuter, ungestörter Thätigkeit dem Vaterlande durch jene Ehre mache." So liest man bei Duller.
Ziegler zitiert: "Ach ja, Herr Auditeur, das verdenk' ich Ihnen nicht, Ihnen kann ein solches Amt nur ein Hindernis für Ihre literarische Tätigkeit sein, Ihnen steht die ganze Welt offen. Das verdenke ich Ihnen nicht. Also Sie wollen den Dienst aufgeben?" Zu stolz, das Mißverständnis aufzuklären, habe Grabbe um seinen Abschied gebeten. Das schriftliche Abschiedsgesuch vom 14. September 1834[105] verknüpft er mit zwei Bitten: Man möge ihm die Gage bis zum Ende des Jahres auf einmal auszahlen und ihm einen Reisepaß nach Frankfurt ausstellen. Zugleich schreibt er an von Meien: "Beiliegende Erklärung kommt aus dem Herzen. Ist sie recht?"[106]
Am 16. September erfolgte die ehrenhafte Entlassung aus dem Dienst unter Beibehaltung der Gage bis zum Jahresende und des Titels und Ranges eines Auditeurs. Grabbe war "frei" und der immer wieder so wohlwollend vermittelnde Regierungsrat von Meien sicher eine langjährige Sorge los.[107]
Dullers stark durch Grabbes Witwe beeinflußte Wiedergabe der Vorgänge legt den Gedanken nahe, "der Amtsverzicht Grabbes sei während einer persönlichen Unterredung durch ein Mißverständnis, womöglich durch böswillige Taktik des Regierungsrates zustandegekommen."[108] Das sollte noch für Aufregung sorgen, als sich im Freundeskreis des Dichters heftige Proteste gegen die einseitige,

verzerrte Darstellung von Grabbes Leben erhoben, besonders bezüglich dessen unglücklicher Ehe mit Louise Christiane Clostermeier.

Am 29. März (richtig: April!) 1838 schreibt diese in einem langen, aufgeregten Brief an Freiligrath u.a.:[109]

> "Der Regierungsrath von Meien findet sich durch die Schrift höchlich beleidigt. Unter dem Siegel der Verschwiegenheit hat man mir mitgeteilt, daß er die ersten Juristen um ihr Gutachten gebeten, ob was dagegen zu machen. Die Unterredung vom 14. September kann juristisch nicht bewiesen werden, da Zeugen fehlen, u. so dachte ich auch gar nicht, daß Duller sie aufnehmen würde. [...] Nun es geschehen, kann ich doch den Eid schwören, daß Gr. in der Absicht zum Reg. Rath gegangen, um den Dienst wieder übernehmen zu wollen. Denn so hat er gesprochen. Und die Unterredung hat er mir Wort für Wort so wohl zur Zeit als selbst noch auf dem Sterbebett so erzählt."

Sie glaubt, daß Duller "einige starke Ausdrücke gewählt" habe, "welche den Regierungsrath und seine Collegen zur höchsten Wuth gesteigert haben".

Freiligrath versucht die aufgeregte Witwe in einem Antwortschreiben vom 27.6.1838 zu beruhigen und meint, "daß die betreffenden Stellen der Biographie nicht der Art sind, um von Seiten des Hrn. von Meien ein gerichtliches Verfahren gegen Sie oder Duller darauf begründen zu können."[110] In der Tat antwortet Louise erleichtert am 26. August 1838: "Den Vorsatz zu prozessen scheint er aufgegeben zu haben," und kommentiert prompt auf ihre Weise, "weil es schwer hält, aus Wahrheit Unwahrheit zu machen."[111] Immerhin war von Meien damals Polizei-Commissarius. In dieser Funktion hatte er Grabbe am 25. Juli 1836 noch einmal helfen können. Er schickte den Polizeidiener Priester zur Unterstützung des todkranken Dichters bei dessen spektakulärer Rückkehr in sein Haus.

Regierungspräsident Christian von Meien: ein taktierender Opportunist oder ein loyaler Konservativer?

Am 3. Juli 1845 erfolgte die Ernennung Christian von Meiens zum Geheimen Regierungsrath, im Revolutionsjahr 1848 verliert er das Militär-Referat und erhält das Wegbau-Dezernat bei einem Gehalt von 1600 rtl jährlich, aber unter Wegfall der 200 rtl aus der Militärkasse. Bedeutete das Arbeitsentlastung oder Entziehung eines einflußreichen Aufgabenbereichs? Immerhin hatte von Meien das Patent des Fürsten Leopold II. vom 9. März 1848, das (als Reaktion auf die von Petri verfaßte Petition) die lippischen Revolutions-Errungenschaften aufführte, als Mitglied der Regierung unterzeichnet.[112] Doch bereits 2 Jahre später änderte sich am 14. März 1850 durch die Beförderung zum Regierungsdirektor seine Position. Das Gehalt stieg auf 1800 rtl zuzüglich 200 rtl Aufwandsentschädigung für die Wohnung bei Wegfall der Sporteln.

Mit dem Tod Leopolds II. bereits im Alter von 54 Jahren am 1. Januar 1851 und dem Regierungsantritt seines Sohnes Leopold III., der die mühsam gewonnenen Rechte und Freiheiten in wenigen Jahren wieder beseitigen sollte, waren die liberal-demokratischen Freunde und Mitbewerber um die höchsten Beamtenstellen in Lippe endgültig aus dem Rennen. Am 16. September 1853 erreichte Christian von Meien mit der Ernennung zum Regierungspräsidenten "mit der Würde eines wirklichen Geheimrathes"[113] die höchste Stufe seiner Karriere. Galt von Meien als der politisch Zuverlässigste unter den Beamten der Residenz?

Jedenfalls fiel sein letztes Wirken in lippischen Diensten in eine Zeit, in der die Befugnisse der Regierung durch Vorschaltung eines Kabinett-Ministeriums bewußt beschnitten wurden. Das war die Ära des heftig umstrittenen reaktionären Kabinettministers Dr. Hannibal Fischer[114], dessen Berufung durch den Fürsten auf Rat des einzigen ritterschaftlichen Vertreters in der "Volkskammer"[115], des Herrn von Stietencron in Schötmar, sich als eklatanter Mißgriff entpuppen sollte. Hinter den Kulissen zog Bismarck, von Stietencrons Göttinger Corpsbruder, kräftig mit an den Fäden. So kam es, während von Meien Regierungspräsident war, gegen die ausführlichen Bedenken der übrigen Regierungsmitglieder 1853 zur Restauration der alten Verfassung von 1836 und damit zur Aufhebung aller Zugeständnisse aus den Revolutionsjahren.

Für Süvern, der in seiner Würdigung Moritz Leopold Petris[116] (Abb. 9) den Regierungsdirektor von Meien als einen "milden und konzilianten Herren der alten Schule" erwähnt, war "die Ära Fischer, von September 1853 bis Juli 1855, [...] für Lippe eine Zeit finsterer Reaktion." In den Augen Fischers waren die Regierungsräte Petri und seine Kollegen "bittere Rebellen [...]. Der Regierungsdirektor von Meien, welcher sich in den entscheidenden Märztagen dem Willen des Fürsten gebeugt hatte, war allerdings ausgenommen und wurde sogar zum Präsidenten der Regierung ernannt." War Christian von Meien ein loyaler Erzkonservativer oder ein vorsichtig taktierender Opportunist, der sich schon wegen seiner häuslichen Verhältnisse ein liberal-demokratisches Aufbegehren nicht leisten konnte? Immerhin war er 20 Jahre älter als Grabbes Klassenkamerad Moritz Leopold Petri, mit dem er durchaus freundschaftlichen Umgang pflegte.

Auch Theodor Heldmann, der die Vorgänge um diese "hochpolitische Inquisition" genau aufgezeigt hat[117], weiß keine Antwort auf diese Frage. Er stellt ausführlich die Bedenken der Regierungsmitglieder Piderit, Petri[118], Heldmann[119] und Meyer[120] vom 10. März 1853 gegen den Plan des Fürsten vor, trotz Ablehnung der Vorlage durch den Landtag das Wahlgesetz von 1849 (direktes Wahlrecht aller 25jährigen, Beseitigung der Wahl in Ständen usw.) durch landesherrliches Edikt (also "illegal" nach Meinung der vier Räte) mit der Begründung aufzuheben, es sei durch die Revolution von 1848 oktroyiert worden.

"Weshalb sich der Regierungsdirektor von Meien hiervon ausschloß, habe ich nicht festzustellen vermocht", merkt Heldmann an. Geht man jedoch seinem Hinweis auf die Regierungsprotokolle nach, so wird in den Akten, welche die "Reorganisation der landständischen Verfassung in specie nach landesherrlichem Edikt vom 15. März 1853"[121] betreffen, zwischen den Zeilen der immer hektischer aufeinanderfolgenden Schriftstücke etwas von dem inneren Zwiespalt zwischen Amt und Meinung erkennbar, in dem sich Christian von Meien als Regierungsdirektor befunden haben mochte.

Auf Drängen des Fürsten Leopold III. lädt von Meien am 21. Februar 1853 die "Herren Collegen", die vier Räte Piderit, Petri, Heldmann und Meyer, zu einer "besonderen Zusammenkunft zur Besprechung des fraglichen Gegenstandes" für den Abend des 23. Februars ein. Am folgenden Tage berichtet er dem Fürsten, daß "eine Einigung über die Ew. Hochfürstlichen Durchlaucht in Folge der letzten höchsten Entscheidung unterthänigst weiter vorzuschlagende Behandlung dieses wichtigen Gegenstandes, gestern nicht erreicht werden" konnte. Eine weitere Zusammenkunft sei geplant; durch diese Verzögerung sei "keine Gefahr im Verzug". Die Randnotiz Leopolds markiert eindeutig das von diesem gewünschte Ergebnis: "Hoffentlich gilt die Erwägung doch nur der weiteren Ausführung meines Willens. Am besten wird die Bekanntmachung in der Art sein, wie ich Sie Ihnen neulich aussprach, und die Sie die Güte haben wollen, aufzusetzen."

Christian von Meien steht zwischen hochfürstlichem Willen und der Meinung seiner Kollegen, der er offensichtlich ebenfalls zuneigt, und versucht zu vermitteln. Deshalb bittet er den Fürsten in seinem ausführlichen Bericht vom 11.3. über das Ergebnis der 2. Besprechung mit seinen Kollegen (am 9.3.),

> "huldvollst in obigen ehrerbietigsten Vorstellungen die loyalen und treuen Gesinnungen zu erblicken und in Gnaden zu würdigen [zu] geruhen, von welcher das Regierungs-Collegium beseelt ist, und möge auch die Ansicht über manche Beratungs-Gegenstände zu Zeiten abweichend von denen seyn, welche Durchlaucht gnädigst darüber sagen, so vereinigen sie sich doch sämmtlich in dem Punkte der *Gerechtigkeit und Gesetzlichkeit*."

Während der Fürst nur die aus den Wahlgesetzen von 1836 hervorgegangenen oder danach zu wählenden Landtagsabgeordneten für geeignet hält, sehen die Räte nur in den im Jahr 1846 zum Landtag gewählten Abgeordneten "eine gesetzlich anerkannte Wirksamkeit". Da nach Meinung von Meiens in beiden Ansichten letzten Endes "die Gesetzlichkeit des Verfahrens gewahrt" werden solle, "wagt" er einen "vermittelnden Vorschlag [...] dahin, daß es Ew. Hochfürstlichen Durchlaucht huldvollst gefallen mögte, die Landtagsabgeordneten von 1849 noch einmal einzuberufen und dieselben durch eine kurze Proposition aufzufordern, lediglich zur Wiedereinführung der Verfassungs-Urkunde von 1836 enthaltenen Wahlschritten ihre Zustimmung zu erteilen." Da diese zu erwarten sei, könne dann die Wahl zum Landtag nach den Vorschriften des Gesetzes von 1836 vollzogen werden und der Landtag nach gesetzlicher Einberufung in der Art construirt werden, wie vor 1848 der war".

Auf alle Fälle legt von Meien diesem Kompromiß-Vorschlag aber auch einen Entwurf bei, der das vom Fürsten gewünschte Verfahren betrifft. Diesen Entwurf der geplanten Verordnung vom 15. März bittet er ausdrücklich "lediglich als eine auf höchstgnädigen Befehl verfaßte Privat-Arbeit anzusehen", die noch vorsichtig geprüft und sorgsam erwogen werden müsse. Der Fürst kommentiert das Alternativangebot von Vermittlungsvorschlag und Ediktentwurf knapp aber eindeutig: "Mit der Vorlage des Regierungs-Collegium kann ich mich nicht einverstanden erklären. Ich genehmige Ihren Entwurf und wünsche dessen Ausführung." Ein Handschreiben Leopolds vom gleichen Tage liest sich wie eine Grundsatzerklärung zu dieser Entscheidung: "Nach meiner festen Überzeugung können nur durch das Zurückgehen auf die alten Zustände gesunde neue erlangt werden."

Auffällig sind bei diesem 1. Entwurf u.a. einige Varianten der Begründung der neuen Verordnung mit dem Argument, die Verfassung von 1849 sei durch politischen Druck 1848 dem Fürstenhaus aufgezwungen worden. So formuliert von Meien zunächst, "daß die seit 1848 infolge der aufgeregten Zeiten anmaßlichen Einwirkungen zugelassenen Veränderungen in den Landständischen Einrichtungen Unseres Fürstenthums weder mit der Gerechtigkeit noch mit dem Grundgesetz des Deutschen Bundes in Einklang stehen und ebensowenig dem wahren Wohl Unserer geliebten Unterthanen entsprechen"; streicht aber "aufgeregte Zeiten" und setzt darüber "revolutionäre Bewegungen", während eine Bleistiftnotiz am Rand "Revolution" vermerkt. Der Zwiespalt, in dem sich von Meien befindet, wird hier besonders deutlich.

Am nächsten Tag lädt der Regierungsdirektor seine Kollegen zu einer weiteren Konferenz noch für den gleichen Abend ein. Am darauffolgenden Tag, dem 13.3., drängt Leopold: "Ich wünsche keinen weiteren Aufschub mehr." Am 15. März 1853 liegt die Verordnung vor, deren Text sich weitgehend an den Entwurf anlehnt: "Wir verordnen demnach gnädigst, daß [...] das Verfassungs-Gesetz vom 6. Juli 1836 als ein unveränderbares Grund-Gesetz in unserem Fürstenthum anzuerkennen und zu befolgen sei."

Das ausschlaggebende Motiv für das Verhalten und Handeln Christians von Meien, der schließlich trotz des erkennbaren inneren Zwiespalts eindeutig sein Amt über seine Meinung stellte, liegt offensichtlich in der Loyalität gegenüber dem Fürstenhaus, die seine Dienststellung von ihm fordert. Jedenfalls bringt das eine Aktennotiz des Kammerrates Rohdewald noch vom 15. März eindeutig zum Ausdruck. Rohdewald hält fest, daß der Regierungsdirektor von Meien das Kollegium von der "unabänderlichen Willenserklärung" des regierenden Fürsten, die landesherrliche Verfassung "im ganzen Umfang" wiederherzustellen, benachrichtigt habe; und er fügt ausdrücklich hinzu: "Zugleich hat derselbe die Anzeige damit verknüpft, daß er in seiner Dienststellung sich für verpflichtet erachte, die höchsten Befehle zur Ausführung zu bringen, auch wenn er sich dabey der Mitwirkung seiner Collegen nicht sollte zu erfreuen haben."

Die Kollegen nehmen noch einmal Bezug auf ihre Vorstellungen und "acceptirten daher dankbarlichst das Anerbieten des Herrn Reg. Directors, den höchsten Befehl ohne ihre Mitwirkung zur Ausführung bringen zu wollen". So könnten sie weiterhin ihre Amtspflichten gewissenhaft und treu erfüllen, ohne sich dadurch "mit ihrer rechtlichen Überzeugung in Widerspruch zu sehen".

Während von Meien jetzt den Abdruck der Verordnung vorbereitet, gibt es noch ein letztes Mal eine Verzögerung, einen Hoffnungsschimmer, der Fürst könne sich anders besonnen haben. Zwar schreibt von Meien am 17.3. noch an diesen: "Es wird mir zur wahren Ehre gereichen, Ew. huldvollste Absicht auf einem Wege erreicht zu sehen, welcher nach allen Vorlagen und Erörterungen für den loyaleren [...] gehalten wird", zumal man so ohne unangenehme Verwicklungen zum gewünschten Ziel gelangen könne. Aber bereits am folgenden Tag setzt er die Regierung erfreut von einer überraschenden Wendung der Angelegenheit in Kenntnis. Rohedewald habe ihm nach einem Gespräch mit dem Fürsten mitgeteilt, dieser "habe geruht, den Abdruck der Verordnung *zu sistieren*", und er schreibt freimütig: "Mit wahrer Freude bin ich darauf eingegangen und habe den Entwurf sofort zurückgenommen. Die weitere Verfügung Serenissimi soll ich heute erwarten."

Doch die Freude währte nicht lange. Am Tage darauf interveniert von Stietencron beim Fürsten, der schließlich am 25. März endgültig verfügt: "und wünsche, daß es bei der Bekanntmachung bleibe, die am Sonnabend erscheinen kann."

Damit ist die Verordnung über die Wiedereinsetzung der alten Verfassung von 1836 trotz aller Bedenken in Kraft, und der Regierungsdirektor von Meien muß auf dieser Rechtsgrundlage handeln, selbst wenn sie nicht unbedingt seiner Überzeugung entspricht. Unmißverständlich weist er am 3. Mai 1853 eine Eingabe der sieben Städte des Landes, die eine Zurücknahme der Verordnung anstreben, als "höchst unbegründet" zurück:[122] "So ist den Vorständen der Städte genügend bekannt, daß die im revolutionären Wege von der Umsturz-Partei des Jahres 1848 in Verfassungs-Angelegenheiten erfolgten Landesherrlichen Zugeständnisse als erzwungen zu betrachten sind." Um damals die Erhaltung staatlicher Ordnung "auf den factischen Verhältnissen zu gewähren", habe sich Serenissimus bewogen gefunden, "die ganze Verfassungs-Änderung vorerst bestehen zu lassen, welche die in Gott ruhende Fürstliche Durchlaucht unter den im Jahre 1848 eingetretenen tumultarischen Zuständen zur Verhütung größerer Übel zuzulassen genötigt war."

Nur wenige Monate später, am 16. September 1853, wurde Christian Theodor von Meien zum Regierungspräsidenten mit der Würde eines Wirklichen Geheimrates ernannt. Das ist genau der Tag, an dem die vier Regierungsräte Piderit, Petri, Heldmann und Meyer durch höchsten Erlaß vom Fürsten Leopold aufgefordert wurden, sich wegen ihrer Eingabe vom 10. März d.J. zu rechtfertigen.[123] Es muß einer der ersten Dienstpflichten des neuernannten Regierungspräsidenten gewesen sein, seinen Kollegen diesen Erlaß mitzuteilen. Die Räte, die doch in ihrer Eingabe nur auf die Ungesetzlichkeit des geplanten Vorgehens in der Wahlgesetz-Frage hingewiesen hatten, reagierten verbittert auf den "höchsten Befehl". Solange der zum Kabinettsminister dazwischengeschaltete Dr. Hannibal Fischer im Amt war, wurden sie durch "Androhung eventueller Dienstkündigung"[124] unter Druck gesetzt. Moritz Leopold Petri wechselte 1854 zum Konsistorium, dessen Vorsitzender er wurde; Carl.G. Piderit starb im August 1854 in Bad Ems "unter der Nachwirkung der ihm widerfahrenden Unbill". Die beiden anderen Räte gelangten erst viele Jahre später in hohe Regierungsämter: Bernhard Meyer wurde 1879 Geheimer Oberregierungsrat und Theodor Heldmann 1868 Regierungspräsident.

Aus diesen Jahren stammt ein Brief Christian von Meiens an seine Frau Louise, die sich im "Winterquartier" auf Gut Exten aufhält. Am 29. Oktober 1851 schreibt er u.a. an die "Frau Regierungsdirektorin"[125]:

> "Emil danke ich für seine Nachrichten und antworte oder schreibe einmal, wenn mir der Kopf weniger angegriffen ist als heute. Gestern dauerte die Regierung von 9 bis 4 ½ Uhr, nicht ohne Verdrießlichkeiten und Aufregungen, deren Spuren und Folgen nicht ausbleiben. Die Stände werden nicht wieder eintreffen."

Nicht nur im dienstlichen Bereich zeigen sich Anzeichen der Überlastung; Ärger gibt es auch mit der vagen Terminierung des geplanten Besuches von Julius:

> "Es wird wohl Alles von Juliussens Ankunft und den Nachrichten von dort abhängen. Ich füge mich gern in Alles und wünsche nur mit Ärger und Verdruß verschont zu bleiben, welcher die Freudigkeit des Lebens unterdrückt und zur Lähmung des Geistes wie des Körpers führt."

Nach 50jährigen treuen Diensten für das Fürstentum Lippe unter drei Regenten starb Christian von Meien am 30.11.1857 auf Gut Exten:

> "Heute Nachmittag um 3 Uhr verschied hierselbst im fast vollendeten 77sten Lebensjahr der Wirkliche Geheime Rath und Regierungs-Präsident Christian Theodor von Meien. Verwandten und Freunden widmen wir diese Traueranzeige mit der Bitte um stille Theilnahme. Gut Exten, dem 30. Nov. 1857. Die Hinterbliebenen."[126]

Söhne (und Tochter) aus gutem Haus — höhere Beamte und Offiziere. Standesgemäße Ausbildung und zielstrebige Karrieren

Was ist aus den Kindern geworden, deren Namen im Anschreibebuch des Regierungsrates Christian von Meien für das Jahr 1832 auftauchen?[127] Wie man dort nachlesen kann, investierte von Meien in die standesgemäße Ausbildung seiner 6 Söhne in diesem Jahr beträchtliche Summen: etwa 1100 Taler für die beiden Ältesten Fritz und Julius, rund 100 Taler für Privat-, Reit- und Klavierstunden und natürlich für das Schulgeld von August und Theodor; insgesamt also mehr als ein Jahresgehalt. Der Besuch des renommierten Detmolder Gymnasiums war selbstverständlich.

Wie der Vater stiegen zwei Söhne in die höhere Beamtenlaufbahn ein, die Beziehungen waren günstig; zwei wurden Offiziere, machten eine Karriere beim Militär. Emil erhielt eine landwirtschaftliche Ausbildung, um später das Gut Exten übernehmen zu können, und Wilhelm, der jüngste Sohn, erreichte auf einem ganz anderen Gebiet etwas: er wurde lippischer Hofbaumeister. Mathilde, die 1833 geborene Tochter, lebte wohl später meistens auf Gut Exten bei den ebenfalls unverheirateten Brüdern Emil und Theodor. Sie starb 1898 in Minden als Stiftsdame des adeligen Damenstiftes in Lippstadt.

Kein Fiasko also wie bei Grabbe, sondern gutbürgerliche Laufbahnen, die den Eltern trotz der erheblichen Kosten Freude bereitet haben mögen, wenn nicht Fritz, der Älteste, sich doch letzten Endes als das 'schwarze Schaf' der Familie herausgestellt hätte; aber davon später.

Zunächst soll ein kurzer Ausblick auf den weiteren Werdegang der anderen Söhne gegeben werden. Dabei bilden die Briefe der Söhne an die Eltern ein beredtes Zeugnis für den kultivierten Umgangsstil und das gute Verhältnis innerhalb der großen Familie.[128]

Julius von Meien

Ernst Ludwig Julius von Meien wurde am 18. April 1812 in Schötmar geboren.[129] Er starb als Kgl. preuß. Oberst am 9. September 1879 in Boppard am Rhein. In Detmold war er Schüler des Gymnasiums; dort trug er anläßlich der Redeübungen zu Michaelis 1828 Goethes Gedicht "Die Insel Utopia" vor.[130]

Nach dem Abgang vom Gymnasium schlug er die Offiziers-Laufbahn ein. Im Jahr 1832 gingen die Überweisungen an ihn u.a. nach Berlin und nach Koblenz. Er wird in Berlin, wie später Theodor, die Militär-Akademie (die "Allgemeine Kriegsschule") besucht haben. Die militärische Karriere in preußischen Diensten führte ihn dann nach Koblenz. Hier bekam der Hof eine bedeutende Stellung, nachdem 1849 der Prinz von Preußen als Gouverneur der Rheinprovinz seine Residenz dauernd in diese Stadt verlegt hatte.[131]

In Polch (zwischen Koblenz und Mayen) heiratete Julius 1839 Therese Münch (offensichtlich katholisch), die aber bereits am 29. Januar 1851 in Koblenz starb. Aus dieser Ehe stammen 4 Kinder: Minna Magdalene (*1841 Koblenz), die einen Sanitätsrat heiratet; Friedrich Wilhelm (*1843 Koblenz, kath.), der Leutnant Fritz in Theodors Tagebuch[132], der 1872 zu dessen Hochzeit nach Hildesheim fuhr, später Kgl-preuß. Oberstleutnant; Trauda (*1849 Ehrenbreitstein), später Äbtissin des Klosters in Roermonde, Niederlande; sowie August (*1850 Koblenz), der 1871 als Einjährig-Freiwilliger gefallen ist.

Aus dem Todesjahr Thereses stammt Julius' Brief an die Mutter vom 16.9.1851, von dem leider der 1. Teil fehlt[133]:

> "Du erwähnst, es sei noch zu früh, an Eingehung eines neuen Verhältnisses zu denken. Allerdings, was mich persönlich anlangt, wird es stets zu früh bleiben. Auch davon ist abzusehen, ob es mir gleichgültig sei oder weh tun müsse, nur in den todten Formen des Familien-Lebens meine Kinder um mich zu sehen. [...]. Um dieses Thema heute zu beenden, bemerke ich schließlich noch zu Deiner Beruhigung, liebe Mama, daß noch kein Gegenstand mir bekannt geworden, auf den diese Gedanken über mein zukünftiges Sein oder Nichtsein sich beziehen. Ich habe sie nur hingeschrieben, um Dir die Erforschung meiner Gedanken zu erleichtern."

Die Kinder befanden sich, während Julius diese einfühlsamen Zeilen schreibt, noch bei seiner Mutter in Exten. Deshalb fährt er fort:

> "Meine Kinder hätte ich zum Oktober gerne wieder bei mir, weiß aber nicht, wie das zu bewerkstelligen. Die Älteren bedürfen des regelmäßigen Schulunterrichts und die Jüngeren möchte ich doch auch gerne näher kennen lernen. Wer weiß, wie lange ich noch zu Hause bleiben kann! [...] Antworte mir doch bald, wie lange Du und die Kinder noch in Exten bleiben werdet. Möglicher Weise würde ich Ende d. Mts. auf 8 Tage kommen, um letzte abzuholen.
> Grüße Alle! In Eile!
>
> Dein
> gehorsamer Sohn
> Julius.

Diese ungefähre Zeitangabe ist dem Regierungsdirektor von Meien wenig präzis. Er schreibt deshalb am 29.10.1851 an seine Frau nach Exten:[134]

> "Da Julius nicht bestimmt angeben kann, wann er in Exten eintrifft, so ist auch dessen Abhohlung von Minden nicht thunlich. [...] Es wird wohl Alles von Juliussens Ankunft und den Nachrichten von dort abhängen. Ich füge mich gern in Alles und wünsche nur mit Ärger und Verdruß verschont zu bleiben [...]."

Über die schwierige familiäre Situation seine Sohnes, dessen junge Frau Therese in diesem Jahr verstorben war, verliert er kein Wort.

Später ist Julius doch noch zwei weitere Ehen eingegangen, von denen die in Koblenz mit Georgine Price geschlossene nicht gut endete. Während eines längeren Aufenthaltes in Exten suchte er im Jahre 1872 mit Theodor in Minden den Justizrat Neukirchen auf, "wegen Scheidung von seiner Frau", wie der Bruder in seinem Tagebuch vermerkt.[135] Aus der 3. Ehe, die Julius in Nalhof (Lippe) mit Mathilde, verw. Brunow. geb. Franks, schloß, stammt Alexander Julius. Knapp drei Wochen vor dem Tod des Vater 1879 in Boppard geboren, war dieser fast 40 Jahre jünger als seine Stiefgeschwister.

August von Meien

August Konrad Wilhelm von Meien wurde am 3. Januar 1814 in Horn geboren und starb als Fürstlich Lippischer Geheimer Regierungsrat am 18. Januar 1900 in Detmold. Hier besuchte er das Leopoldinum bis zur Maturitätsprüfung 1833 und erhielt, wie das Anschreibebuch für 1832 nachweist, regelmäßig zusätzlich Stunden in den neuen Sprachen, dazu ganz standesgemäß Klavierunterricht und Reitstunden. Die Schulprogramme[136] nennen seinen Namen viermal unter den vortragenden Schülern der öffentlichen Redeübungen, darunter am 3.10.1832 ("Das hölzerne Bein" von Neuffer) im neuen Rathaus, da die alte Klosterkirche, in welcher der Unterricht seit 1602 stattfand, am 18. Mai 1832 abgerissen worden war[137], und am 2.10.1833 ("Der siebzigste Geburtstag" von J.H.Voß) im neuen Schulgebäude an der Leopoldstraße anläßlich der Einweihungsfeier.

Das Beurteilungskonzept vom 4. Oktober 1833[138] bescheinigt August von Meien, die Maturitätsprüfung habe gezeigt, "daß er vollkommen befähigt ist, auf eine höhre Lehranstalt überzugehen." Im einzelnen vermerkt man "recht gute Kenntnisse" in der lateinischen Sprache, Gewandtheit in Deutsch im Schriftlichen und im mündlichen Vortrag, viel Fleiß in Geschichte und Archäologie sowie vorzüglich gute Fortschritte in Mathematik und Geographie. "Da er in seinem Betragen jederzeit des Beifalls seiner Lehrer genossen hat, indem er Aufmerksamkeit mit Geschicklichkeit verband, so zweifeln wir keinen Augenblick, daß er seine Anlagen ferner glücklich entwickeln und sich dadurch zu einem brauchbaren Staatsbürger bilden werde; wozu wir ihm Gottes Segen wünschen." Unter diesem Beurteilungskonzept wird attestiert (Falkmann oder Preuß), August habe "bei dem Unterzeichneten mehrere Jahre hindurch Unterricht in Französisch und in Englisch genossen und dabei einen so rühmlichen Eifer bewiesen, daß er in beiden Sprachen sehr glückliche Fortschritte gemacht hat."

Nach Reifeprüfung, Jurastudium und Examen startet der als so fleißig gelobte junge Mann seine Beamtenkarriere, die ihn über die üblichen Stationen Schötmar und Lage vorübergehend nach Detmold führt, als Amtsschreiber beim Amt Varenholz, wo er später einmal lange Jahre tätig sein wird, bis 1874 eine Versetzung nach Schötmar erfolgt.[139]

Wie die Akte vom 13. Januar 1846[140] über seine Anstellung zum Amtsschreiber in Schötmar als Amtsassessor (Jahresgehalt 250 rtl zuzüglich 300-400 rtl übliche Einnahmen) zeigt, waren die richtigen Beziehungen und auch der Einfluß des Vaters für eine solche Anstellung von ausschlaggebender Bedeutung. Rat Piderit hatte den Bewerber August von Meien in seinem Gutachten vom 1. Januar 1846 u.a. mit dem Vermerk empfohlen: "wenn derselbe auch nicht zu den vorzugsweise günstig Begabten gehört, so ist er doch bestrebt, sich fortzubilden und nützlich zu machen." Außerdem gereiche ihm sein biederes und ehrenhaftes Verhalten zur Empfehlung.

Grabbe, der bei seiner Bewerbung um die freiwerdenden Posten in Oerlinghausen (1825)[141] und Horn (1826)[142] nicht über solche Fürsprecher verfügte, hatte damals ebensowenig Erfolg wie die Mitkonkurrenten August von Meiens.

Für diesen bietet sich bereits im nächsten Jahr eine Chance, näher an die Residenzstadt Detmold heranzurücken, als in Lage eine Stelle frei wird. Wieder befürwortet Piderit die Bewerbung[143] Augusts. Das kann der Regierungsrat von Meien nicht gut für seinen eigenen Sohn tun. Also empfiehlt er in seinem Gutachten vom 28. Juli 1847 dessen Konkurrenten für die Stelle in Schötmar, die doch eigentlich erst nach erfolgreicher Versetzung seines Sohnes nach Lage frei wird. Dabei behauptet er zunächst einmal, in Schötmar gebrauche "der zeitige Justiz-Beamte seine Untergebenen als Maschinen." Er hält den Mitbewerber "gerade für das Subject", das für die Stelle in Schötmar geeignet sei, da dieser "zu mechanischen Arbeiten qualificirt und fleißig ist". Auch wenn Petri der Beamtenschelte widerspricht, erhält August selbstverständlich die gewünschte Stelle in Lage und wird bereits 1853 auf Bitten des Vaters nach Detmold versetzt.

Damit wurde sicher ein lang ersehnter Wunsch August von Meiens erfüllt; denn bereits das Leben in Schötmar war ihm viel zu triste. Am 21.2.1846 richtet von dort aus an den Vater eine dienstliche Anfrage[144] wegen der Ausstellung von Pässen nach Amerika und fügt einige aufschlußreiche persönliche Sätze an:

> "Das Leben ist hier recht langweilig. Ich weiß gar nicht, mich zu amüsieren, wenn ich müde von der Amtstube bin; — auch keine Gesellschaft habe ich. — Es geht doch nichts über Detmold. —
> Ein Pferd werde ich zum Amüsement doch noch haben müssen. —
> Wie geht es Mutter?
> Gruß an sie, Dich und Tante Lene und Alle
> Dein
> A. v. Meien.

Ein eigenes Pferd bekam August zwar vermutlich bei dem knappen Gehalt nicht, aber bereits im Jahr darauf die Versetzung nach Lage. In Heerse (Lippe) heiratete er am 27. September 1847 Auguste Busse, mit der er sich Ende 1846 verlobt hatte. Die Verlobungsanzeigen hatte er in Berlin drucken lassen. Von dort mault Theodor in einem Brief vom 16.11.1846[145] über die Ungeduld des Bruders:

> "August hat mir den Empfang der Verlobungsanzeige gemeldet. Er konnte aber kaum deren Ankunft erwarten, [...] warf mir sogar Ungefälligkeit und dergl. vor und ich konnte sie ihm doch nicht eher schaffen, bis sie gedruckt waren, außerdem erhalte ich die Briefe nicht in einigen Stunden von Schöttmar. Nun ich habe es ihm übrigens nicht übel genommen, denn mit Verliebten muß man immer einige Rücksicht haben, und will ich nur wünschen, daß es immer so bleibt."

Es blieb wohl so; der Ehe entstammen drei Töchter und zwei Söhne. In der Festschrift zur 50jährigen Jubelfeier des Lippischen Sängerbundes[146] findet man ein Bild (Abb. 10) des eleganten Amtsrats August von Meien: ganz der Vater! Welcher von beiden im Jahr 1845 Mitglied der 'Liedertafel Detmold' war und seinen Namen "v. Meien" in den Kristallpokal für den Dirigenten Adolf Dresel eingravieren ließ, kann man ohne den Vornamen nicht entscheiden. Dennoch ist dieser Namenszug ein Beleg für die Teilnahme am geselligen Leben der Residenz.

Wenige Jahre später ist August Amtsrat beim Amt Varenholz, wo ihn Theodor am 1. Weihnachtsfeiertag 1858 von Exten aus besucht.

Dieser vermerkt am 25. Dezember in seinem Tagebuch[147]: "Heute Abend fuhren wir nach August in Varenholz gegen 4 Uhr wo wir in dessen Familie nochmals mit brennendem Baume Weihnachten feierten." Und er fügt ausdrücklich hinzu: "Wir haben uns gegenseitig nichts geschenkt." In Exten hatte er wie sein Bruder Wilhelm freilich am Weihnachtsabend von der Schwester Mathilde ein Paar Pantoffeln bekommen.

Theodor von Meien

Georg Heinrich Theodor von Meien wurde am 13. Februar 1820 in Detmold geboren. Er starb am 16. Juli 1893 in Exten als Fürstl. Lipp. Hauptmann a.D. Offensichtlich wird seine Offizierslaufbahn schon früh geplant: 1830 darf er im Alter von 10 1/4 Jahren "den Grundstein von dem neuen Militairgebäude an der Kälberwiese in Gegenwart des Regierungsrathes von Meien, Obristlieutenant Böger, Lieutenant Steffen" u.a. legen, wie Emmighausen in seiner Chronik berichtet.[148]

Auch Theodor besucht wie seine Brüder das Gymnasium, das Entree in die Tertia ist 1832 besonders erwähnt. Außerdem erhält er in diesem Jahr Klavierstunden. Michaelis 1837 trägt er bei dem Redeübungen am Leopoldinum Schillers "Ring des Polykrates" vor.[149] Michaelis 1838 geht er aus Sekunda ab, denn der Vater hatte längst die nötigen Weichen für den weiteren Werdegang seines 4. Sohnes gestellt.

Am 30. August 1838 bittet der Regierungsrat Christian von Meien den Fürsten darum, Theodor in den Militärdienst aufzunehmen und nach zureichender Qualifikation zum Offizier zu befördern.[150] Der Militärreferent weist auf die Ausbildung seiner älteren Söhne hin (zwei Juristen im lippischen Staatsdienst, Julius seit neun Jahren beim Königl. preuß. Militär, seit sechs Jahren als Lieutenant in der 8. Artillerie-Brigade) und begründet sein Gesuch für Theodor:

> "Ihn den akademischen Studien zu widmen, erlauben theils die Verhältnisse theils die Hoffnungen nicht welche man sich bei der Fülle von

> jungen Studierenen davon in Zukunft versprechen darf und hat es mir darum umso rathsamer geschienen, meinen 4. Sohn wieder dem Militairstand zu widmen. da solcher seiner Neigung sowohl, als seiner geistigen und körperlichen Ausbildung entspricht."

Der Vater möchte also seinen Sohn versorgt wissen, ohne schon wieder die erheblichen Ausgaben für einen Studenten aufbringen zu müssen, dem nach dem Examen eine entsprechende Stelle keineswegs sicher ist. Er entwirft auch schon den Ausbildungsgang: Zwei Jahre Preußische Militärschule in Münster ("Cadet mit Gage"), später mit Sondergenehmigung Preußische Divisions-Schule in Berlin; Präzedenzfälle aus anderen deutschen Kleinstaaten untermauern diesen Plan. Außerdem läßt er seinen Sohn Theodor dieses Gesuch an den Fürsten schreiben, "um Höchstdenenselben eine Probe seiner Handschrift ehrerbietig vor Augen zu legen."

Diesem so umsichtig vorgetragenen Anliegen wird von oben stattgegeben, "der Cadet Theodor v. Meien wird zum 11. Sept. 1838 zur 3ten Compagnie einrangirt"[151] und erhält seine Montur (Wert: 9 rtl 6gr).

Wie vom Vater vorausgeplant, besucht der Kadett Theodor von Meien zunächst die Königlich Preußische Divisionsschule in Münster. Von dort schreibt er am 14. Juli 1839 an den Vater[152]: "Die Schule ist jetzt auf 3 Monate geschlossen, und bin ich daher jetzt der ersten Compagnie des 13. Infanterieregiments attachirt." Er berichtet von Felddienstübungen in der Umgebung von Münster, bemerkt dabei: "Besonders das Exerziren und Manövrieren in freier Luft wirkt sehr wohlthätig auf meinen Körper." Mit seinen Vorgesetzten und Kameraden kommt er gut aus, doch von der Stadt hält er wenig. Als Julius und Therese, die vor ein paar Wochen geheiratet haben, ihn besuchten, habe er ihnen "die Merkwürdigkeiten Münsters" gezeigt, "nämlich die Käfige der Wiedertäufer am Lambertithurm und die Torturinstrumente des Knipperdolling"; etwas forsch fährt er fort: "denn weiter gibt es hier in diesem Neste nichts zu sehen."

Erst in der Nachschrift rückt er mit dem heraus, was ihn eigentlich bedrängt. Bei der Einladung zur Tafel Wrangels, bei der er dicht neben seinem Vorgesetzten saß, mußte er ohne "feine Montirung erscheinen", als bloßer Kadett, wo doch die Preußen "unter Cadets die 11 bis 15jährigen Knaben verstehen". Deshalb hat er eine dringliche Bitte an den Vater, der schließlich von Amts wegen dafür zuständig ist: Um endlich mit den nicht-lippischen Kameraden mithalten zu können, möchte er gern "den Titel Port d'epée-Fähnrich" bekommen. Dieses wird ihm auch am 1. September 1839 zugestanden.

In einem weiteren Brief vom 10. September 1840[153] berichtet Theodor aus Münster, daß sein Kommando in dieser Stadt gegen den 17. September zu Ende sein werde. Er bittet seinen Vater, ihm einen Urlaub zu einer Reise nach Koblenz zum Besuch des Bruders Julius zu gewähren. Außerdem schickt er vorsorglich die Maße für seine neue Uniform mit; denn nach Abschluß der Ausbildung in Münster wird er zum Seconde-Lieutenant befördert werden (14. Oktober 1840). Da er nun einmal aus der für ihn provinziellen Kleinstadt herausgekommen ist und an die späteren Jahre in Berlin denkt, meldet er gleich seine Sonderwünsche an: "2 Röcke, 2 Hosen, 2 Uniformen, welche jedoch aus Berlin zu nehmen sind, da die Detmolder Schneider dieselben sehr schlecht machen, weil sie den Militairschnitt nicht so heraus haben, auch Kellner wünscht obige Sachen aus Berlin."

Münster ist zwar für Theodor ein Nest, Detmold aber tiefste Provinz in Sachen Militär-Ausstattung. Was mag der Vater, der Fürstlich Lippische Militärreferent Christian von Meien, gedacht haben, als er diese Zeilen seines Filius las? "Die übrigen Sachen welche wir nöthig habe weiß ja der Hauptmann als: Hut, Czakot, Portepee, Langschnüre e.c.t. und wünscht Kellner dieselben ebenfalls aus Berlin. Auch ein Paar Militair-Mützen könnten uns zugleich mit verschrieben werden." Prompt folgt das korrekte Kopfmaß: "23 ½ Zoll köln. Maß".

Im Jahr 1841 gehört Theodor von Meien zur 4. Kompagnie im Bataillon Lippe, das eine Kriegsstärke von 728 Mann hat. Die Offizier-Rangliste von 1846 verzeichnet ihn als Seconde-Lieutenant. Auch jetzt ist sein Hauptmann der Militärkassen-Rendant Steffen; der älteste Bruder Friedrich ist Militär-Auditor des Bataillons.[154] Am

8. Dezember 1846 wird Theodor zum Premier-Lieutenant befördert.
Davor lagen freilich noch Monate voll fleißiger Büffelei an der Allgemeinen Kriegsschule in Berlin, deren Besuch ab Oktober 1844 erst ein umständlicher Briefwechsel zwischen den höchsten Stellen ermöglichte. Das Erlaubnisschreiben ist von keinem Geringeren unterschrieben als vom Königlich-preußischen Minister für auswärtige Angelegenheiten von Bülow.[155] Der sendet auch gleich den ausführlichen Lektionsplan des gerade laufenden Studienabschnittes als Beispiel mit. Was da in Berlin den künftigen Stabsoffizieren abverlangt wird, sind umfangreiche Kenntnisse in vielerlei Bereichen. Neben Mathematik, Physik, Geschichte, Logik und allgemeiner Literaturgeschichte gibt es selbstverständlich u.a. auch die Fächer Taktik, Artillerie, Fortifikation und Generalstab, sowie Kurse in französischer und polnischer Sprache.
Das Zwischenzeugnis Theodors vom 29. November 1845 zeigt im Schnitt gute Noten, so daß einer Fortführung der Ausbildung in Berlin nichts im Wege steht. Dieses bedeutet für den jungen Herrn freilich standesgemäßes Leben in einer Hauptstadt, und genau das kann er von seiner knappen Gage nicht finanzieren; also ist wieder einmal ein Brief nach Hause erforderlich. Am 16. November 1846[156] berichtet er dem Vater zunächst von einem Besuch des Hauptmanns Steffen:

> "Soviel thunlich habe ich ihn überall umhergeführt und schien ihm Krolls Etablissement am Meisten zugesagt zu haben. Schade, daß ich ihm nicht auch mit einem militairischen Schauspiel, etwa einer großen Parade dienen konnte."

Das elegante Leben in der preußischen Hauptstadt mit militärischem Pomp und repräsentativen gesellschaftlichen Veranstaltungen scheint es dem jungen Seconde-Lieutenant besonders angetan zu haben. Er ist stolz darauf, sehr vornehm, aber finanziell doch etwas zu aufwendig "Unter den Linden" zu logieren, wenn auch drei Treppen hoch, und bedauert, daß die Hofgesellschaften erst im Januar beginnen.

"Meine jetzige Wohnung werde ich nun am 1. k[ommenden] M[onats] verlassen obwohl ungern, sie hat eine schöne Lage aber allerdings 14 rtl ist, für die Wohnung nicht, wohl aber für mich zu viel. Nun ich habe' mal Unter den Linden gewohnt."

Da sein Bruder August sich in Schötmar verlobt hat, sinniert Theodor:

"Jetzt wäre die Reihe an mich gekommen, eine Frau zu nehmen, ich muß aber aufrichtig gestehen, daß ich keine große Neigung fühle, mich jemahls zu vermählen, ich will lieber der alte Erbonkel werden, die Meien'sche Race möchte sonst gar zu zahlreich werden!"

Und Jungeselle blieb Theodor in der Tat, wenn es auch zum Erbonkel kaum reichte.
Nach so lockerem Plauderton wird der smarte Leutnannt unversehens ernst:

"Nun, lieber Vater, muß ich noch einen Punkt erwähnen, der uns beiden vielleicht unangenehm aber nun einmal nicht zu umgehen ist, nämlich den Geldpunkt, meine erste Einrichtung hier, Ankunft Reise u.s.w. wozu noch eine kleine Schuld an einen hiesigen Schuster kam, das im Ganzen Wenige, was ich damahls von Hause mitgenommen veranlaßt mich, Dich noch um einen Nachschuß von etwa 50 rtl zu bitten, den ich wirklich noch unumgänglich nöthig habe. Ich werde Dir später nicht mehr so oft lästig fallen, aber Du weißt selbst, die erste Einrichtung. Außerdem bin ja jetzt kaum noch 10 Monate hier und werde ich künftig dann ganz für mich auskommen. Wenn Du mir 20 von diesen 50 rtl umgend senden, die übrigen 30 aber etwa so, daß sie am 1 December hier wären, so würdest Du mich ganz glücklich machen. Ich gebe Dir dagegen eine Anweisung auf das etwa zu bekommende Revüegeschenk oder den Überschuß der Premierlieutnant-Gage, wenn ich jetzt schon ernannt werde. Nun laß mich für heute schließen. In Erwartung einer baldigen Antwort bin ich
Dein
den 16. November 1846.   gehorsamer Sohn
                                           Theodor

Meine Wohnung:
Unter den Linden 34, 3 Treppen hoch.

Das feine Leben kostete eben auch damals Geld, dafür verpfändete man schon einmal die Gage, die man noch gar nicht besaß! Am 8. Dezember 1846 ist das Zwischenziel erreicht: die Beförderung zum Premier-Lieutenant.[157] Auch das Abgangszeugnis der Kriegsschule vom 18. Oktober 1847 zeigt gute Noten.

Während im Feldzug gegen Dänemark 1849 das neu gebildete II. Bataillon unter Führung von Oberst Prinz Woldemar zur Lippe drei Monate lang vor den Düppeler Schanzen lag, blieben die Brüder von Meien mit dem I. Bataillon in Detmold.[158] Am 12. August 1851 wurde Theodor zum Hauptmann der Reserve-Kompagnie ernannt; die Gage, die zunächst 41 2/3 rtl betrug, wurde 4 Jahre später auf 50 rtl monatlich erhöht. Seine Kompagnie bestand aus 240 Reservisten, die bereits 3 Jahre gedient hatten und darauf in ihrem 4. Dienstjahr zur Reserve gehörten.

Im Winterhalbjahr 1857/58 leitete der Hauptmann die "Militärschule"[159] (im neuen Militär-Gebäude), in der seit 1833 jährlich von Dezember bis Februar die Unteroffiziere des Bataillons in zwei Klassen durch die Leutnants in Lesen, Schönschreiben, Rechnen, Aufsatz, Dienstinstruktion und Waffenkunde unterrichtet wurden. Am 17. März 1858 legte Hauptmann von Meien den entsprechenden Schlußbericht über die Durchführung der Kurse und das Examen vor.

Vom 2.12.1858 - 30.4.1859 und nach mehrmonatiger Unterbrechung wegen einer Versetzung nach Lage wieder vom 1.9. - 3.11.1859 führt Theodor ein Tagebuch[160], dessen knappe Eintragungen von Unternehmungen und Ausgaben einen guten Einblick in die Freizeitbeschäftigungen eines unverheirateten Offiziers in der Residenzstadt gewähren.

Der Junggeselle Hauptmann Theodor von Meien, der sich selbst versorgt, hat in der Regel einen festen Mittagstisch bei Priester (Lange Str.13, später: "Fuchsbau") oder bei Brockmann (Lange Str.67, später: Hotel "Stadt Frankfurt"), trinkt regelmäßig sein Glas Zeltinger; hin und wieder gönnt er sich auch einmal eine Flasche Champagner aus den Restbeständen des elterlichen Kellers oder sogar etwas Kaviar. Der Freundeskreis besucht in den Wintermonaten recht häufig Konzerte und Theaterveranstaltungen: "Don Juan", "Figaros

Hochzeit" oder Goethes "Faust". Neben einzelnen Abendgesellschaften mit Dr. Meyer, den Pustkuchens, Wasserfalls und Krohns finden im gleichen Kreis reihum jeden Donnerstang musikalische Kränzchen statt, bei denen die Teilnehmer u.a. Arien aus "Don Juan" singen oder auch Schattenrisse darstellen.

Wichtigster Treffpunkt neben dem Club ist die Ressource. Hier kann man bei einem Glas Wein Zeitungen lesen, plaudern, Billard oder Karten spielen. Häufig finden Damenressourcen statt, bei denen Theodor einmal vermerkt: "ich der einzig tanzende Offizier". Wilhelm sucht als Vergnügungsvorstand vergeblich einen Maskenball durchzubringen; bei der nächsten Wahl tritt er aus dem Vorstand aus. Besonders erwähnt ist am 16. April 1856 ein Ausflug der ganzen Gesellschaft mit Spieß' Omnibus.

Höhepunkt sind sicher die Einladungen zu Hof: Am 17. Februar 1859 "Hofconcert zu Ehren der neuen Prinzeß Woldemar" und am 10. März "Einladung zum Hofmarschall von Meysenbug zu einem Thee mit den Fürstlichkeiten".

Da Theodor nahezu jeden Abend in der Ressource verbringt oder andere Veranstaltungen besucht, die manchmal bis 5 Uhr morgens dauern, reißen selbst bei zurückhaltender Bestellung die Getränke ins Geld. Außerdem hält der Hauptmann auch jetzt wie bereits als Kadett viel von einer repräsentativen Uniform. Für den Einzug von Prinz Woldemar bestellt er sich neue Epauletten direkt in Berlin. Da muß die nicht gerade üppige Gage meist sofort nach Empfang aufgeteilt werden. So läßt er am 1. März 1859 sein Gehalt von 50 rtl (diesmal "nebst Servis 19 rtl") bereits um 9 ¼ Uhr morgens von Hauptmann Steffen holen, um für 20 rtl einen Schuldschein einzulösen, den er als Ratenzahlung unverzüglich weiterreicht. 25 rtl fließen in den Haushalt, und weitere 20 rtl gehen an Wilhelm als Beitrag "von uns Geschwistern für die väterlichen Schulden". Da bleibt nicht viel übrig.

Das Weihnachtsfest verbringt Theodor bei den Brüdern in Exten und Varenholz, dabei ist der "brennende Baum" für ihn ganz besonders wichtig; alle Geburtstage der Familie, die kleinen Geschenke, die Besuche der jungen Neffen werden genauestens vermerkt.

In diesen Wochen räumt Theodor mit Fritz die Stube des Vaters auf, der im vergangenen November verstorben war. Dazu brauchen sie mehrere Tage, da der Regierungspräsident offensichtlich einige Stapel an Akten zu Haus hatte. So notiert Theodor am 21. Januar 1858: "Nachmittags kam Fritz zuerst zum Aufräumen der Acten auf Vaters Stube." Nach getaner Arbeit trinkt man eine Flasche Champagner: "Nun haben wir nur noch 3 Flaschen." Dann bestellen sie den Papiermüller; der holt am 22.3. "das Papier vom Vater zum Einstampfen". Der Rest landet also im Reißwolf. Was mag da alles verlorengegangen sein?

Außerdem sorgen die Brüder bei dieser Haushaltsauflösung dafür, daß die Möbel in mehreren Fuhren zur Mutter nach Exten und nach Varenholz zu August transportiert werden; denn in das Haus soll bald Forstmeier Frye als Mieter einziehen. Doch vorher lädt man zum 29. Januar 1859 noch einmal zu einer Abendgesellschaft in das väterliche Haus Hornsche St.1. Es wird ein Abschiedsfest, zu dem "die ganze Famile" zusammenkommt, dazu die Offiziere, darunter Friedrichs Schwiegervater Hauptmann Hornhardt, auf den das Haus zwei Jahre später überschrieben wird; "ferner Rath und Räthin" und "2 Fräulein Pustkuchen". Für dieses Fest, das bis 3 Uhr morgens dauert, holt man aus der Ressource "12 Fl. Zeltinger, 6 Fl. Deidesheimer, 2 Fl Château Arçin, 10 Fl Thiergärtner 1857 u. ein Bund Zigarren". Von nun an wird das Rittergut Exten endgültig zum Treffpunkt der Familie.

Leider brechen die Eintragungen nach dem 3. November 1859 ab. In den Jahren 1859-63 ist Theodor von Meien in den Offizier-Ranglisten, jetzt als Hauptmann der Ersatz-Kompagnie, letztmalig erwähnt. Beim Hauptmann ist es geblieben, da Beförderungsstellen im kleinen lippischen Militär-Kontingent rar waren. Er wurde auch nicht wie andere Offiziere später in den preußischen Dienst übernommen, sondern lebte bis zu seinem Tod am 16.7.1893 bei seinem Bruder Emil auf dem Rittergut Exten. Die für seinen Bruder Friedrich, den Militär-Auditeur, schicksalhaften Jahre 1863/64 bedeuteten wohl auch für Theodor das Ende der so hoffnungsvoll begonnenen militärischen Karriere.

Auf dem Gut Exten führt Theodor nach fünfzehnjähriger Unterbrechung sein altes Tagebuch wieder fort. Darin verzeichnet er für drei Jahre vom 1. Januar 1872 bis zum 31. Dezember 1874 wie im Hauptbuch einer Firma äußerst penibel Barbestände und Ausgaben. Die Pension des Hauptmanns a.D. in Höhe von 63 rtl 10 sg für jeweils zwei Monate gestattet im Verhältnis zum früheren Lebensstandard im Elternhaus sicher nur ein recht bescheidenes Leben. Theodor, der für seinen Bruder auch geschäftliche Aufgaben übernimmt, achtet offensichtlich sehr genau darauf, daß die Ausgaben nicht die Einkünfte übersteigen und jeder für Porto oder ein Geschenk vom anderen vorgestreckte Groschen umgehend zurückgezahlt wird. Auch Schneider- oder Schusterrechnungen werden prompt bezahlt.

Der pensionierte Offizier legt großen Wert auf korrekte Kleidung: Solche Ausgaben sind durch Rotstiftunterstreichungen besonders hervorgehoben. Abwechslungen in das sicher etwas gleichförmige Landleben bringen die Jagd, die Besuche bei den adligen Nachbarn wie etwa den von Münchhausens in Rinteln, bei denen man Tee trinkt und Whist spielt, vor allem aber geschäftliche oder private Reisen nach Bückeburg, Minden, Hannover und natürlich auch nach Detmold. Das herausragende Ereignis dieser Jahre war für Theodor von Meien sicher die Fahrt mit seinem Bruder Wilhelm im September 1872 über Karlsruhe, Stuttgart und München nach Wien (für immerhin 147 rtl).

Die Geschwister treffen sich zu Geburtstagen und anderen Festen regelmäßig häufig auf Gut Exten, wo in diesen Jahren nicht nur der Rittergutsbesitzer Emil von Meien und sein Bruder Theodor wohnen, sondern oft auch die jüngere Schwester Mathilde, seit 1854 Stiftsdame des adeligen Damenstiftes in Lippstadt. Zu August und seiner Familie in Varenholz hat man ständigen Kontakt. Julius sucht die Geschwister auf, als in diesen Jahren seine zweite Ehe auseinandergeht; aus London kommen Briefe von den Kindern des ältesten Bruders Friedrich. Mit dem Jahr 1874 enden auch diese Eintragungen.

Emil von Meien

Ernst Emil Franz von Meien wurde am 31. Dezember 1825 in Detmold geboren; er und nicht der älteste Sohn erbte das Gut in Exten nach dem Tod der Mutter im Jahr 1862 und durfte sich seitdem Herr auf Exten nennen. Dort ist er am 19. März 1900 als Kreistagsdeputierter unverheiratet gestorben, so daß das Gut Exten an die Söhne des bereits verstorbenen jüngsten Bruders Wilhelm überging.

Auch Emil von Meien besuchte das Gymnasium Leopoldinum in Detmold, zunächst gemeinsam mit seinem jüngeren Bruder Wilhelm die Quarta (ab 1836) und Tertia, bis er 1844 aus der Realklasse der Sekunda abging.[161]

Zur Vorbereitung auf die Aufgabe der Verwaltung des Gutes Exten erhielt Emil eine Ausbildung als Ökonom auf dem Rittergut Rothenhof bei Hausberge in der Nähe von Minden. Der Rittergutsbesitzer Clemens Theodor Caesar, Ritter des roten Adler-Ordens 4. Klasse, war Amtssrat und Mitglied der preußischen 1. Kammer[162]. Sein ältester Sohn Friedrich Wilhelm, Ökonom, heiratete 1852 Sophie Piderit, eine Schwester der späteren Frau Wilhelm von Meiens. Auch sonst bestanden verwandtschaftliche Beziehungen nach Detmold, vor allem zu den Caesars auf den Gütern Hornoldendorf und Johannettental.

In einem kurzen Brief am 2. April 1846[163] schreibt Emil den Eltern aus Rothenhof, daß er dort wieder wohlbehalten angekommen sei und die Caesarsche Familie gerade beim Essen angetroffen habe.

> "Ich glaubte doch nicht daß der Fußweg über Vlotho so weit gewesen wäre, besonders die Berge zogen mir doch verdammt in die Beine, auffallend war es mir aber wie sehr bei dem Übergange von den Bergen in die Ebene die grünen Felder und Wälder hiesiger Gegend gegen die dortige hervortraten, die in dieser Hinsicht noch weit zurück sind."

Er ist ganz zufrieden damit, wieder bei seinem Amtsrat auf dem Gut zu sein:

"Es geht doch nichts über die gewohnte Lebensweise, ich war wirklich froh wie ich hier erst wieder zur Ruhe kam, überhaupt hat Detmold jetzt wenig Anziehungskraft mehr für mich gegen früher!—"

Aus diesen Zeilen spricht nicht nur ein ganz anderes Temperament als bei seinen Brüdern, sondern auch ein aufmerksamer Blick für die Natur.

Durch diese Ausbildung ist Emil von Meien bestens für die Verwaltung des Gutes in Exten gerüstet, auf dem sich häufig die Mutter und andere Familienangehörige aufhalten, oft für längere Zeit. Wie aus einem Brief des Vaters vom 5. Nov. 1856[164] hervorgeht, verkauft Emil von Exten aus junge Bäume zur Anpflanzung nach Detmold: "Nun wird aber Wilhelm noch eine Baumbestellung machen; es fragt sich jedoch, ob Du sie effectuiren kannst und der Frost die Pflanzung noch zuläßt." Nach dem Tod der Eltern wird Emil endgültig Herr auf Gut Exten, das nach dem Verkauf des elterlichen Hauses in Detmold zum Treffpunkt der Geschwister wird. So wohnt Theodor bis zu seinem Tod dort, und auch Mathilde, die Stiftsdame in Lippstadt ist, hält sich häufig auf dem Gut auf.

Als es 1867/68 zum Verkauf der Erbpacht-Rechte an der Domäne Hellinghausen kommt, für die Wilhelm von Meien seit dem Tod des Vaters im Jahr 1857 die Geschäfte führt, erhält der Gutsbesitzer Emil von Meien für 17 000 rtl den Zuschlag. Zu der Verhandlung am 1. Juni 1867[165] treffen sich die Geschwister Theodor, Emil, Wilhelm und Mathilde; Friedrich läß sich vertreten, Obristlieutenant Julius hatte seinen Anteil bereits vorher an August verkauft. Dieser legt Widerspruch wegen des Termins ein, stimmt aber nachträglich dem Verkauf zu. Doch bereits drei Jahre später erfolgt der Weiterverkauf an den Domänenpächter Bruno (junior).

Theodor erwähnt in seinem Tagebuch[166] während seines Aufenthaltes in Exten gemeinsame Unternehmungen mit Emil. So fahren die Brüder am 5. Dezember 1872 nach Detmold "zur Taufe von Wilhelm's 3. kleinen Mädchen".

Wilhelm von Meien

Heinrich Wilhelm Gustav von Meien, der am 28. Januar 1828 in Detmold geboren wurde und ganz überraschend bereits am 28. September 1875 während eines Kuraufenthaltes in Meran starb, hat mit seinen historischen Bauten das Stadtbild Detmolds mitgeprägt. Seine Briefe aus der Studienzeit an die Eltern zeigen eine präzise Beobachtungsgabe und sprachliches Gestaltungsvermögen. Bereits ein Quartalszeugnis der Tertia, die er gemeinsam mit Emil besucht, vermerkt "Zeichnen: rühmlich", doch der Fleiß der Brüder läßt manchmal "zu wünschen übrig".[167] In Sekunda erhält Wilhelm zur Ausbildung seiner musischen Begabungen auch "Singstunden", die ihn später befähigen, bei Abendgesellschaften Lieder vorzutragen.

In den Schulprogrammen[168] des Gymnasiums findet sich Wilhelms Name seit 1843 Jahr für Jahr unter den rezitierenden Schülern bei den Redeübungen zu Michaelis. So trägt er am 30. September 1846 das berühmte Gedicht "Bei Grabbes Tod" des ehemaligen Leopoldiners Ferdinand Freiligrath vor und spricht im Namen der Abiturientia die Abschiedsworte.

Das Beurteilungskonzept[169] Wilhelms, der die Absicht hat, Architektur zu studieren, nennt seine Teilnahme am Religionsunterricht "stets rühmlich", attestiert ihm ziemlich gute Kenntnisse in Latein und Griechisch, recht gute in Mathematik und gute in Französisch. "In der Geschichte und deutschen Literatur erhält er das Lob guter Kenntnisse, sein schriftlicher Ausdruck in deutscher Sprache ist angemessen und gut." Die Beurteilung schließt mit den Bemerkungen: "Da nun außerdem sein Fleiß stets zur Zufriedenheit der Lehrer, sein Betragen in und außerhalb der Schule immer anständig und wohlgesittet gewesen ist, so daß er sich die Liebe und das Wohlwollen der Lehrer hier durch erworben hat, so entläßt ihn die Anstalt mit den besten Wünschen und Hoffnungen auf sein künftiges Glück." Der Jahresbericht verzeichnet knapp und bündig: "Wilhelm von Meien, Sohn des Herrn Geh. Regierungsrathes v. Meien in Detmold, 18 3/4 Jahre alt, geht nach Berlin, um sich dem Baufach zu widmen."[170]

In Berlin studiert Wilhelm drei Jahre an der renommierten preußischen Bauschule (später: Bauakademie), die noch zu Schinkels Zeiten auch der Detmolder Baurat Brune[171] besucht hatte. Die Aufnahme in die Bauschule war auch damals nicht leicht, besonders da Wilhelm Ausländer war; doch der Vater hatte längst seine Beziehungen spielen lassen.

Von Berlin aus berichtet Wilhelm am 7. April 1847[172] den Eltern ausführlich von der Reise und den ersten Eindrücken in der Großstadt:

> "Theure Eltern!
> Wenn mir auch der Abschied vom Vaterhaus und von Euch Lieben allen anfangs schwerer fiel als ich gedacht hatte, so hat mich doch einestheils der Gedanke an die Nothwendigkeit anderntheils die geringe Entfernung des Auseinanderseins getröstet, so, daß ich mich mit den Sehenswürdigkeiten der Reise zerstreute."

Wilhelm fährt mit der Eisenbahn von Hannover über Magdeburg nach Berlin, wo ihn Theodor am Bahnhof abholt; bei ihm kann er erst einmal unterkommen.

> "Theodors Wohnung hat eine ganz angenehme Lage in einem neuen Hause. Die Logis sind hier jetzt sehr theuer, da die vielen Deputirten Alles in Beschlag nehmen. In Hannover waren die Eisenbahnbüreau's gestern so angefüllt mit Landtagsdeputirten, daß ich Mühe hatte, mein Gepäck unterzubringen."

Die politisch unruhiger werdende Zeit des letzten Vormärzjahres kündet sich an. Wilhelm hat seine Mitreisenden genau beobachtet und weiß davon eine für ihn eher amüsante als politisch aufschlußreiche Geschichte zu erzählen:

> "Einige, mit denen ich fuhr, schienen mir jedoch nicht viel mehr wie Bauern zu sein und unterhielten sich über zu berathende Gegenstände immer nur in ihrem eigenen Interesse. Besonders ein Älterer aus dem Kreise Münster machte einen komischen Eindruck. Ein gutmüthiges Lächeln lag beständig auf seinem Gesichte und die naive Unterhaltung, die sich in Verwunderung über die neuen Erfindungen und Einrichtungen verlor, ergötzte die ganze Gesellschaft."

Der erste Eindruck der Großstadt ist für Wilhelm überwältigend:

> "An den Spektakel der hier in Berlin ist, kann ich mich noch nicht gewöhnen. Das beständige Fahren der Droschken und andern Wagen, das Durcheinanderschrein der verschiedensten Leute macht anfangs einen sonderbaren Eindruck."

Besonders angetan haben es dem angehenden Architekturstudenten aber die Prachtbauten der preußischen Hauptstadt: "Heute Morgen sind wir einmal durch die vornehmsten Straßen gewandert und haben uns die wahrhaft großartigen Paläste angesehn." Solche Eindrücke werden sein späteres Schaffen in Detmold mit beeinflußt haben.

Die entscheidende Verbindung hatte Wilhelm gleich am 1. Tage seines Aufenthaltes in Berlin geknüpft. Noch auf der Fahrt vom Bahnhof erkundigten sich die Brüder nach der Sprechstunde des Herrn von Duesberg. Als sie erfuhren, daß dieser am folgenden Tage keine Audienz gebe, handelten sie sofort:

> "Wir machten uns deßhalb gleich auf, warfen uns in den Frack und gingen um 5 Uhr zu ihm. Er empfing uns freundlich und sagte, daß die Bauschule zwar sehr voll sei, indes wolle er sehn, daß sich meine Aufnahme noch bewerkstelligen ließe. Er sagte, der Präsident Eschenburg sei sein genauer Bekannter."

Die lippischen guten Beziehungen waren sicher wichtiger als die guten Zeugnisse. Deshalb schickt Wilhelm noch einen Stoßseufzer hinterher: "Wenn der also nur gehörig geschrieben hat, so werde ich wohl aufgenommen werden."

Nun, der lippische Präsident hatte offensichtlich "gehörig geschrieben"; denn Wilhelm wurde in die Bauschule aufgenommen, obwohl er in Preußen Ausländer war. Am 1. Januar 1848[173] berichtet er nach seinen Neujahrsglückwünschen über das erste Weihnachtsfest, das er fern von der Familie verbringen mußte:

> "Ich habe hier ein ganz vergnügtes Weihnachtsfest erlebt, obwohl ich viel an Euch gedacht habe, und mich das Getrenntsein von Euch gerade an diesem Feste im Anfang etwas wehmütig machte. Den heiligen Abend brachte ich mit einigen Kameraden zu. Wir hatten selbst ein

kleines Bäumchen zurecht gemacht und uns dabei sehr froh und gemüthlich unterhalten. Am 1sten Feiertag war ich bei Mad. Oppenheim zum Diner. Es war eine sehr heitere Gesellschaft von etwa 15 Personen geladen und wir blieben bis 12 Uhr Abends zusammen. Am Abend wurde viel musicirt und ich wurde aufgefordert zu singen, konnte aber leider meiner Noten wegen nicht."

Deshalb bittet er dringend, ihm die Noten zu schicken. Er hat also rasch Zugang zu den richtigen gesellschaftlichen Kreisen gefunden. Ehe Wilhelm aber zum eigentlichen Anliegen des Briefes kommt, gibt er noch einen kleinen Stimmungsbericht vom Neujahrsmorgen 1848 in Berlin; noch ahnt keiner, was sich in wenigen Monaten hier ereignen wird.

"Heute hört man in der ganzen Stadt nur Choräle. Diesen Morgen wurden sie von sämmtlichen Thürmen geblasen und jetzt hört man sämmtliche Harfenisten, Flötenbläser, Leierkasten etc. die sonst Tänze auf den Straßen spielen, nur Choräle vortragen. — Man bekommt sie aber so satt, daß ich mich ordentlich fürchte, auf die Straße zu gehn. Alles sucht den Pietismus des Hofes nachzuahmen.
— Nun, lieber Vater, muß ich Dich wieder um einiges Geld bitten. Meine Casse ist ganz leer und wäre es mit deßhalb lieb, wenn Du mir recht bald etwa 50 - 60 Thaler schicktest.

Ein weiterer Brief Wilhelms aus Berlin stammt vom 23. Oktober 1849.[174] Mit der Niederschlagung des republikanischen Aufstandes in Baden durch preußische Soldaten und Bundestruppen ist inzwischen das letzte Aufflammen der Märzrevolution erstickt und die alte Ordnung wiederhergestellt worden. Auch für Wilhelm ist fast alles so wie vorher geblieben. Nur die Bezeichnung der Bauschule hat sich jetzt in Bauakademie geändert; im wesentlichen ist aber alles beim alten geblieben, im politischen Bereich erst recht.

"Wenn auch im Allgemeinen die neue Einrichtung der Bauakademie manche Verbesserung herbeigeführt und alte Mängel fortgeschafft hat, so ist doch auch in gewisser Hinsicht das Wesen der alten Bauschule geblieben und hat die Sache nur den Namen geändert."

Vor allem drosselt man den Zugang von Nicht-Preußen, von 'Ausländern'. Wilhelm muß sich deshalb "von Neuem zu der Bauakademie melden und um Erlaubnis nachsuchen, was indessen nach einigen Formalitäten ohne Schwierigkeiten gewährt wurde." Die ausländischen Neubewerber um einen Studienplatz traf es freilich hart; sie wurden "ohne Ausnahme wegen wirklichen Mangels an Platz abgewiesen". Numerus clausus also, da man allein aus dem Inland 180 Neuzugänge zählte.

Außerdem wurde für die Bezahlung des Honorars mehr Pünktlichkeit gefordert. Auch Wilhelm hatte umgehend zahlen müssen, der Beutel war wieder einmal leer:

> "so daß ich gestern meinen Verpflichtungen ebenfalls nachkommen mußte, wodurch meine Casse freilich mehr als erschöpft wurde und ist dies der eigentliche Grund dieses Schreibens, nämlich die Bitte, mir so bald als möglich einige Gelder zu übersenden. Könntest Du mir die 30 rt für Collegien und gleichzeitig etwas für den nächsten Monat schikken, so würde mir das sehr angenehm sein."

Schließlich schildert Wilhelm noch ausführlich ein Erlebnis, das die konservative Gesinnung gewisser gesellschaftlicher Kreise in Berlin im Jahre nach den blutigen März-Ereignissen deutlich werden läßt:

> "Zu den vielen Beweisen der Anhänglichkeit, die der König in dieser Zeit erhalten hat, kam am 19ten noch ein höchst glanzvoller. Es wurde nämlich im Opernhaus zum Besten der verwundeten Krieger in Baden 'ein Feldlager in Schlesien', eine patriotische Oper von Meierbeer gegeben, vorher aber 'das Lied von der Majestät', ein von Taubert zum Geburtstag des Königs componirtes Lied, auf allgemeines Verlangen noch einmal vorgetragen. Als es unter vielem Applaus geendet hatte, brachte eine Stimme aus dem Parquet ein Hoch auf den König aus, dem von allen Seiten donnernd beigestimmt wurde, dann ein zweiter ein Hoch auf den Prinz v. Pr., was ebenso aufgenommen wurde, dann folgten noch eins auf das Haus Hohenzollern und eins auf den Sohn des Prinz v. Pr., der an diesem Tage sein Geburtstagsfest und seine Großjährigkeit feierte, beide fanden im Hause einen ungeheuren Beifall und die Hochs wollten nicht endigen, der Pr. v. Pr. und sein Sohn dankten von ihrer Loge aus gnädig(?)lich durch Verbeugungen, was die Damen durch Aufstehen und Wehen mit den Tüchern erwiederten. Dieser

Jubel hörte nicht eher auf, bis daß von allen Seiten das Volkslied verlangt wurde und nun die ganze Gesellschaft unter Begleitung des Orchesters "Heil Dir im Siegerkranz" zu singen anfing. — Hernach wurde die Stelle in der Oper: "Für unsern König unser Blut" etc. 2mal da Capo verlangt und auch gesungen."

Das klingt wie Hofberichterstattung; Wilhelm jedenfalls ist von dieser Begeisterung für das preußische Königshaus offensichtlich tief beeindruckt!

Nach Beendigung seiner Studienzeit in Berlin arbeitete Wilhelm von Meien in Detmold zunächst als Gehilfe des Baurats Brune an verschiedenen Hofbauten mit und wurde 1850 zum Wegebaumeister ernannt. Er war verantwortlich für die Chausseen und Kommunal-Wege in den Ämtern Detmold, Horn, Lage und Oerlinghausen. 1851-54 erhielt er eine große Aufgabe mit dem Um- und Neubau der Heil- und Pflegeanstalt Lindenhaus bei Brake. In den folgenden Jahren besorgte er vor allem den Bau der Wasserkünste im Palaisgarten; so entstand nach seinem Plan 1855 der Quaderbau der Turbine mit den Pumpanlagen.[175]

Als der Baurat Brune im Jahre 1857 starb, bewarben sich Wilhelm von Meien und Ferdinand Merckel[176], der in München studiert hatte, um eine Anstellung als Hofbaumeister. Obwohl die Regierung für von Meien plädierte, entschied das Kabinetts-Ministerium, die Stelle Brunes nicht sofort wiederzubesetzen, sondern Merckel und von Meien jeweils spezielle Aufträge zu übertragen.[177] Wegen der aus dieser Regelung entstehenden "Unzuträglichkeiten" entschloß man sich zu einer Aufgabenteilung: "von Meien behielt die Hof- und Marstallbauten in Detmold, die Hof- und Gestütsbauten in Lopshorn, sowie die Hofbauten in Schieder und Lemgo."[178] 1865 erfolgte endlich die feste Anstellung als Hofbaumeister, am 1. September 1872 die Ernennung zum Hofbaurat.

In diesen Jahren war Wilhelm von Meien (Abb. 11) rastlos tätig, ebenso beim Umbau und der Pflege der Hofbauten wie auch im Bereich der Stadterweiterung und der Ausführung von Privatbauten. So errichtete er in den Jahren 1863/64 nicht nur den Saal-Anbau am Palais, sondern auch die historisierenden Villen in der Gartenstraße,

Steinhäuser z.T. im neugotischen Stil, welche die traditionelle Fachwerkbauweise in Detmold ablösten.[179] Mit der in den letzten Jahren erfolgten Wiederaufwertung des Historismus hat sich der Meinungsstreit um diese Bauten gelegt. Für seine Familie baute er das Haus Gartenstraße 17; denn inzwischen hatte er am 4. Mai 1861 Elisabeth Betty Piderit geheiratet, eine Tochter des Fürstl. Leibarztes Karl Piderit. Der Ehe entstammten drei Töchter und drei Söhne, die später das Gut in Exten erbten.[180]

Mit seinen Planungen hatte der Baurat Wilhelm von Meien schließlich entscheidenden Einfluß auf die systematische Neugestaltung der westlichen Stadterweiterung vor dem Bruchtor im Bereich der neu angelegten Paulinenstraße. Die Ausführungen der meisten Bauten im Bauboom der Gründerzeit hat er freilich nicht mehr miterleben können, da er ganz unerwartet am 28. September 1875 in Meran starb.

Bereits in einem Brief[181], den Wilhelm von Meien um den 10.8.1875 kurz vor der Einweihung des Hermannsdenkmals wohl an seine Frau Betty geschrieben hat, werden Anzeichen von Überarbeitung deutlich:

> "Meine Kräfte haben bei der guten Lebensweise und der möglichen Ruhe (es giebt doch noch sehr viel zu thun!) etwas zugenommen. Meine Nerven sind aber noch entsetzlich herunter und habe ich fast die ganze Nacht nervöses Kopfweh und mangelhaften Schlaf."

Eine Schwitzkur ist geplant, danach eine Kur in "einem klimatischen Curort, was auf Herstellung der Nerven deutet, vielleicht gar Ragaz!"

Vor der für den 19. des Monats geplanten Abreise gilt es aber noch einige aufregende Festlichkeiten zu durchstehen. Der Fürst will am Samstag der Einweihung des Kriegerdenkmals beiwohnen. "Nachmittag ist Tafel der ganzen Regiments-Officiere und des Comitees." Das aber ist nur der Auftakt für das bedeutendste Ereignis, das die Detmolder in diesen Jahren erleben sollten. Die kleine Residenzstadt wird anläßlich der Einweihungsfeierlichkeiten des Hermannsdenkmals, an deren Vorbereitungen Wilhelm von Meien großen Anteil hatte, zum Treffpunkt von Kaiser und Fürsten des neu gegründeten Deutschen Reichs.

"Der Kaiser kommt Sonntag, halb 6 Uhr hier an mit Gefolge von 18 Personen, ebenso die übrigen hohen Herrschaften. Auf dem Herrmann sind die Tribünen schon gebaut. Die Ausschmückung wird überall vorbereitet. Auf dem Bruche u. der Grotenburg sind schon Zelte erbaut. Kurz es wird Alles lebendig."

Wilhelm von Meien hat diese unruhigen Tage nur um wenige Wochen überlebt; auch die Kur hat nicht die erhoffte Besserung der Gesundheit gebracht. Er starb im Alter von nur 47 Jahren. Ein Nachruf vom 3. November 1875 im Regierungs- und Anzeige-Blatt, in dem die Verdienste des zu früh verstorbenen Baurates von Meien gerühmt werden, beginnt so:

"Es hat wohl lange kein jäher Todesfall in unserer Stadt und im ganzen Lande einen so schreckhaften und betäubenden Schmerz hervorgerufen, als der unerwartete Verlust des oben Genannten, der fern der Heimat, noch kurz zuvor in rüstiger Thätigkeit, in vollster Lebenskraft gesehen, aus dem Leben abgerufen wurde."[182]

Wilhelm von Meien, "ein talentvoller und fleißiger Meister in seiner Kunst, ein gewissenhafter, redlicher Beamter, eine glückliche Frohnatur."

Nur etwa einen Monat darauf, am 8. Dezember 1875, starb auch sein Landesherr, Fürst Leopold III.

Mathilde von Meien

Nach sechs überlebenden Söhnen wurde dem Regierungsrat von Meien am 13. Mai 1833 doch noch eine Tochter geboren: Henriette Wilhelmine Helene Charlotte Mathilde. Sie starb unverheiratet als Stiftsdame des adeligen Damenstiftes zu Lippstadt am 24. Mai 1898 in Minden.

Während die Söhne der höheren Beamten in Detmold selbstverständlich das Gymnasium Leopoldinum besuchten — wenn ihre Fähigkeiten dazu reichten, bis zum Abitur — waren die Ausbildungsmöglichkeiten der Mädchen damals weitgehend eingeschränkt. Falls Mathilde nicht zunächst Privatunterricht erhalten hat, wird sie erst den in der Regel dreijährigen Elemantarunterricht der Vorschule in Lesen und Schreiben besucht haben, darauf mit acht Jahren bis zur Konfirmation die 1830 auf Betreiben des Generalsuperintendenten Ferdinand Weerth gegründete Töchterschule.[183] Diese befand sich nach mehreren Umzügen 1841 in äußerst beengten Verhältnissen in nur einem Zimmer eines Neubaus in der verlängerten Exterstraße; erst im Jahr darauf konnte eine weitere Stube angemietet werden. Der ganztägige Unterricht umfaßte in zwei Lehrgängen von je drei Jahren die Fächer Religion, Schönschreiben, Deutsch (Lesen, Gedichtvortrag, Stilübungen, z.B. Briefschreiben), Geschichte, Sachunterricht, Singen und Zeichnen, vor allem aber 8 oder 9 Stunden Handarbeit bei Dem. Sophie Pustkuchen, einer Nichte von Meiens. Dazu kam in der Oberklasse Französisch (Grammatik, Übersetzungsübungen, nicht Konversation), z.T. während des Handarbeitsunterrichtes.

Schwierigkeiten ergaben sich immer wieder aus dem Umstand, daß die Lehrkräfte den Unterricht nur nebenamtlich erteilten, darunter freilich auch der hochgeschätzte Gymnasiallehrer Legationsrat Preuß bis zu seinem Tod 1845. Seit diesem Jahr kam es durch die Anstellung eines hauptamtlichen Lehrers, des Kandidaten der Theologie Goedecke, der für neue Lehrbücher und eine straffere Organisation des Unterrichts sorgte, zu merklich verbesserten Leistungen der Töchterschule. Auf Antrag der Eltern konnten jetzt auch einige Mädchen die Oberklasse noch nach der Konfirmation weiterbesuchen; damit waren ihre Ausbildungsmöglichkeiten in Detmold allerdings erschöpft.

Während sich aus den Privatbriefen und amtlichen Akten der Lebenslauf der Brüder in großen Zügen rekonstruieren läßt, fließen die Nachrichten über Mathilde in den vorliegenden Quellen äußerst spärlich.

Als am 23. April 1852 Fürst Leopold III. mit seiner bildschönen jungen Frau Elisabeth, geb. Prinzessin zu Schwarzburg-Rudolstadt, feierlich in seiner Residenz Einzug hielt, begrüßten das frisch vermählte Paar auf dem Schloßplatz "111 Ehrenjungfrauen in weißen Kleidern, mit blauem Ausputz"[184] (in den Rudolstädter Landesfarben). Mathilde von Meien, nur wenige Monate älter als die Fürstin, "sprach zur Begrüßung ein Gedicht, das mit den Worten schloß:

Zieht ein denn mit Freuden, wo Lieb' euch empfängt,
Die ewig soll bleiben, da Treue sie schenkt."

In einem Brief vom 5. November 1856[185] an Emil auf Gut Exten erwähnt der Regierungspräsident von Meien, "daß Mathilde eine große Tonne mit Äpfeln, trockenen Zwetschen, Schnitzen und Zwetschensaft gefüllt hat, welche morgen, wenn es mit dem Froste nicht zu arg wird, nach dort abgeht". Besuch der Tochter in Detmold also, Hilfe im Haushalt, während sich die Mutter in Exten aufhält; eigentlich müßte sich Mathilde zu dieser Zeit in Lippstadt befinden. Denn 1854 war es Christian von Meien gelungen, für seine Tochter einen der begehrten Plätze im adeligen Damenstift in Lippstadt zu erhalten, das von der lippischen Regierung und der preußischen in Arnsberg in Sammtherrschaft verwaltet wurde. Nun war auch Mathilde versorgt.

Es war durchaus üblich, daß der Fürst die in den Damenstiften freiwerdenden Präbendenplätze an die Töchter seiner höheren Beamten für deren besondere Verdienste vergab, mitunter sogar blanco. So teilt von Meien in einem Schreiben vom 20. März 1850[186] dem Geheimen Oberregierungsrat Karl Piderit mit: "Serenissimus haben gnädig geruhet in Huldvoller Berücksichtigung seiner Verdienste um die Stadt Lippstadt die Versicherung einer Präbende im Damenstift zu Lippstadt für eine seiner eintretenden falls zu benennenden und zu qualifizierenden Töchter höchstlandesherrlich zu ertheilen", sobald sich eine Vakanz ergibt. Piderit kann die Gunst seines Fürsten bereits im nächsten Jahr nützen; seine älteste Tochter wird gegen ein Eintrittsgeld von 300 rtl die einzige nichtadelige Stiftsdame in Lippstadt, später sogar Oberin (1876-79 erwähnt).

Als sich durch den Tod der Stiftsdame von Hobe eine ähnliche

Chance auch für von Meien bietet, über dessen Schreibtisch der gesamte das Stift betreffende Briefverkehr läuft, richtet der Regierungspräsident unverzüglich am 2. Januar 1854[187] ein devotes Bittgesuch an den Fürsten:

> "Schon längere Zeit hegte ich den Gedanken, Ew. Hochfürstlichen Durchlaucht bei sich ergebender Gelegenheit die ehrfurchtsvolle Bitte unterthänigst vorzutragen, meine Tochter Mathilde huldvollst mit einem Stiftsplatze zu begnadigen. Wenn ich es dahin wage, diesen ehrerbietigst unvorgreiflichen Wunsch jetzt zu Ew. Hochfürstlichen Durchlaucht gnadenvoller Erwägung zu verstellen, so glaube ich damit eine Vaterpflicht zu erfüllen, deren huldvolle Gewährung ich mit ehrfurchtvollstem Vertrauen lediglich der Gnade meines Durchlauchtigsten Fürsten und Herrn in Unterthänigkeit anheimzustellen habe.
> In tiefster Ehrfurcht unterzeichnet sich
> Ew. Hochfürstlichen Durchlaucht
> unterthänigst - treu - gehorsamster
> Diener
> v. Meien."

Der so stilvoll gedrechselte Antrag des Regierungspräsidenten wird noch am selben Tag vom Fürsten genehmigt, Mathilde von Meien erhält die durch den Tod der Stiftsdame Marianne von Hobe am 15.12.1853 erledigte Präbende. Der Vater wird am 10.1.1854 aufgefordert, nach Vorschrift und Statuten beglaubigte Unterlagen beizubringen: eine Geburtsurkunde der Tochter, die Bescheinigung über ihre Religionszugehörigkeit und über ihren außerehelichen Stand. Nach Gegenzeichnung durch die königl. Preuß. Regierung in Arnsberg wird am 27.2.1854 die Collations-Urkunde mit dem Vermerk zugestellt, der "Revenü-Genuß der Präbende beginnt mit dem 29. Sept. 1854 (Michaelis)".

Mathilde von Meien ist hiermit Conventualin des adeligen Damenstiftes in Lippstadt. Als solche erhält sie neben der Präbenden-Revenue (die etwa zwischen 200 und 250 rtl jährlich beträgt) in den ersten Jahren auch Einnahmeüberschüsse aus der Stiftskasse, anteilig zwischen 34 und 40 rtl.[188] In einer Gesamtaufstellung für 1876/79 wird die Summe der Präbendenrevenue mit 673,50 Mark pro Jahr verzeichnet.

Mathilde von Meien war wohl residierende Stiftsdame (Vermerk 1868: "wohnt im Stift"), lebte aber mitunter auch in Detmold und nach dem Tod der Eltern oft auf Gut Exten. Von dort reist sie am 24.8.1872, wie Theodor in seinem Tagebuch[189] erwähnt, nach Detmold, um "während Betty's Entbindung den Haushalt zu führen". Am 29. Oktober wird Wilhelms jüngste Tochter Ida Emma Helene geboren, zu deren Taufe Emil und Theodor von Exten anreisen. Danach nehmen die Brüder Mathilde, die "Betty aus den Wochen gepflegt hat", wieder auf das Gut mit.

Weihnachten 1871 erhält Mathilde von den Brüdern einen Regenschirm, 1872 ein lila Kleid und eine Schaumtorte. Am 9. Juli 1873 beginnt sie eine Kur in Bad Pyrmont. Mit Theodors Tagebuch enden auch die vorliegenden Nachrichten über Mathildes Leben.

"Der Unterhalt einer Familie in Detmold erfordert enorme Ausgaben"
Friedrich von Meien und das Ende des aufwendigen Haushaltes

Der unselige Grabbe war auf seinen eigenen "Wunsch" hin aus dem ungeliebten Amt des Fürstlich Lippischen Militär-Auditeurs vom Regierungsrat Christian von Meien entlassen worden. Dessen ältester Sohn Fritz, der seinen Vater im Jahre 1832 die stattliche Summe von 623 Reichstalern kostete, sollte etwa 30 Jahre später in eine ähnliche Situation geraten, freilich in eine wesentlich spektakulärere. War es das schiefe Verhältnis zwischen tatsächlichem Arbeitsanfall und mickriger Beamtenbesoldung, zwischen den geringen Nebeneinkünften bei der recht armseligen Klientel und dem erwarteten standesgemäßen Auftreten in der Residenzstadt, der diesen Posten des Militär-Auditeurs in Lippe zu einem gefährlichen Schleudersitz machte? Rotberg, Grabbe, von Meien jun.? Oder handelte es sich bei diesem um ein etwas lockeres Verhältnis zum Geld, wie man es bereits aus dem Anschreibebuch des Vaters herauslesen kann?

Friedrich Wilhelm von Meien wurde als ältester der sechs Söhne Christian von Meiens am 3. Mai in Schötmar geboren, wo der Vater damals Amtassessor war. 1817 zog die Familie von Horn nach Detmold; dort wird Fritz die Bürgerschule besucht haben, darauf das Gymnasium in der ehemaligen Klosterkirche in der Schülerstraße, wo er bei den Redeübungen Michaelis 1826 ("Die Stunde des Tages") und 1829 ("Napoleon in Moskau", aus dem Schwedischen) Gedichte vorträgt.[190]

Am 18. Dezember 1824 schreibt Kanzleirat Wardenburg, ein Verwandter mütterlicherseits aus Oldenburg, an von Meien[191]:

"Daß Deine 4 Knaben Dir Freude machen, namentlich die 3 älteren durch gutes Betragen und Fleiß, besonders Fritz, der mit Recht allen anderen mit gutem Beyspiel vorgeht, ist mir ungemein lieb zu vernehmen und ich hoffe sie werden im Guten fortfahren und ebenso gut und brav und fromm als reich an Kenntnissen werden."

Nach der Reifeprüfung studiert Fritz Jura in Heidelberg. Neben Schnupftüchern erhält er im Jahre 1832 zwei Überweisungen von 50 und 60 Talern, zweimal je 116 Taler und zum Abschluß der Studienzeit noch einmal 175 Taler am 1. September. Am 29.9. wird der Koffer eingelöst, und bereits am 30.9.1832 beginnt Fritz als Auditor beim Amt Lage, der klassischen Startstelle der Detmolder Beamtensöhne aus besseren, in der Regel verschwippt und verschwägerten Kreisen. Um das schwache Anfangsgehalt etwas anzuheben, zahlt der Vater 1832 ein monatliches Taschengeld von 6 Talern als Zuschuß und auch das Entree-Geld für die Ressource.

Durch Fritz von Meien und dessen Bekanntenkreis, den Forstsekretär Barkhausen, den Auditor Meiner und Preuß jun., erfährt Ferdinand Freiligrath in Salzkotten zufällig vom Tode Grabbes. "Der kalte, wegwerfende Ton, in dem mir die Nachricht gesagt wurde, empörte mich...", schreibt er am 8.5.1837 an Grabbes Witwe Louise, und er fährt fort: "Ich kannte nur die beiden Ersten, die sich übrigens nach dem ersten Rencontre auch wenig mehr um mich bekümmerten — ich glaube, wir haben uns nicht einmal Adieu gesagt. —"[192] Dieses schmerzliche Erlebnis wird Freiligrath zu seinem Gedicht "Bei Grabbes Tod" anregen, das Wilhelm von Meien, der jüngste Sohn des Regierungsrates, am 3. September 1846 anläßlich der Reifeprüfung am Gymnasium Leopoldinum in Detmold vorträgt.[193]

Im Jahr 1838 wird Friedrich von Meien Gerichtsschreiber im Amt Schieder, am 15.11.1839 Amtsschreiber und Rendant mit dem Titel Assessor.[194] Als ihm am 18.1.1842, etwa sechs Jahre nach Grabbes Ausscheiden aus diesem Posten, die Stelle des Militär-Auditeurs in Detmold sicher ist, kann er an Heirat denken. Am 27. Mai 1842 findet in Detmold die Hochzeit mit der 12 Jahre jüngeren, 19 ½jährigen Emilie Hornhardt statt, der Tochter des Hauptmanns der Schutzwache.[195]

Freilich ist seit Grabbes Tagen das Gehalt nicht gestiegen: 24 rtl monatlich zuzüglich Sporteln, 1852 erfolgt eine Besoldungserhö-

hung auf 30 Taler, ab 1858 gibt es sogar 60 Taler, dafür fallen die Sporteln weg. Die Spanne zwischen der von zu Hause gewohnten aufwendigen Lebensweise und den dagegen bescheidenen Einkünften, mit denen auch ein Grabbe nicht ausgekommen war, ist kaum zu überbrücken. Offensichtlich kann Friedrich von Meien etwa 20 Jahre, ähnlich wie der Vater, mit Obligationen und immer neuen Kreditaufnahmen lavieren, dann naht das bittere Ende.
1863 droht ein Debitverfahren, da der Schuldenberg auf 66 105 Taler angewachsen ist. Das Schuldenverzeichnis führt 63 Posten auf zwischen 5 und 30 000 Talern, unter den Gläubigern findet man neben Gutsbesitzern, Kaufleuten und Handwerkern auch Lohndiener und den Hofmusicus; der Schwiegervater, inzwischen Major a.D. Hornhardt, steht mit etwa 40 000 Talern obenan. Die Misere muß groß gewesen sein.
Da manche Posten seit Jahren mitgeschleppt worden sind, gibt es saftige Verzugszinsen. So präsentiert der Conducteur Bruno, Afterpächter der Erbpacht-Domäne Hellinghausen, Schuldverschreibungen vom 5. September 1833, die vom Regierungsrat Christian von Meien mitunterzeichnet sind. Auch der Rechtsanwalt Runnenberg, "Curator der Nachlassenschaft weil. Regierungs-Präsident von Meien" hat erhebliche Restforderungen aufgrund der Schuld- und Pfandverschreibungen beider Elternteile. Hier wird deutlich, wie bereits der Vater seinen aufwendigen Haushalt auf die Dauer bestritten haben mag. Der Nachlaßanteil, mit dem Friedrich gerechnet hat, ist längst verpfändet.
Zur Abwendung des Konkursverfahrens legt der Auditor Friedrich von Meien am 30. Mai 1863 ausführlich die Ursachen der hohen Verschuldung dar. Dieser Bericht gibt einen Einblick in die Problematik der zu niedrigen Besoldung der Beamten; nicht für jeden wirkte die geringe Bezahlung als stabilisierender Dämpfer.
Bereits der Start in die Ehe im Jahre 1842 steht finanziell unter einem ungünstigen Stern. Die 24 monatlichen Taler Gehalt reichen offensichtlich vorn und hinten nicht; die Sporteln sind zu gering, da sie von der Klientel mit niedrigen Einkünften eher tröpfeln als fließen. Immerhin vermerkt man "von oben" mit Bleistift korrigierend

am Rand: "383 Rtl jährlich 5x". Damit belaufen sich die Jahreseinkünfte auf nur wenig mehr, als Fritz seinen Vater im letzten Studienjahr gekostet hatte. Jetzt soll davon ein standesgemäßer Haushalt geführt, eine rasch anwachsende Familie genährt werden.

In seiner Eingabe schreibt Friedrich von Meien: "Ich selbst hatte kein Vermögen, vielmehr noch Schulden aus meinen Auditorjahren"; wie sollte er diese mit einem Assessorengehalt von 300 rtl abtragen? "Die geringen Einkünfte reichten auch bei strenger Sparsamkeit offenbar nicht aus, die Kosten eines Hausstandes in Detmold zu bestreiten, zumal meine Familie durch sechs hungrige Kinder vergrößert wurde." Dann folgt ein Satz, der zur Erklärung der beträchtlichen Spanne zwischen Ausgaben und Gehalt beim Anschreibebuch des Regierungsrates von Meien im Jahre 1832 besonders aufschlußreich ist. "Von meinem Vater hatte ich keine erhebliche Unterstützung zu erwarten, weil er selbst einen sehr kostspieligen Haushalt zu unterstützen hatte und deshalb ebenfalls fortwährend in finanziellen Verlegenheiten sich befand."

Auch die Heirat mit Emilie Hornhardt verbesserte die Ausgangssituation nicht, da sie "bei Ehe kein Vermögen von Erheblichkeit" besaß; daß sie demnächst etwas zu erwarten hatte, erwies sich als trügerische Hoffnung. Emiliens Großvater, mit dessen Besitz und Vermögen man wohl gerechnet hatte, wurde "gegen allen gewöhnlichen Lauf der Natur"[196] fast 100 Jahre alt. So gelangte der Schwiegervater, Major a.D. Hornhardt, erst spät zu seinem Vermögen, aus dem er immerhin 40 000 Taler zur Schuldendeckung aufwendete. Friedrich von Meien hatte ihm dafür sein Restvermögen samt Erbansprüchen abgetreten, das stattliche Haus Ecke Neustadt / Hornsche Straße (ab 1865 "Lippischer Hof") war bereits 1861 in den Besitz Hornhardts übergegangen.[197] Blieb zur Pfändung nur noch 1/3 des Monatsgehaltes von 60 rtl.

Auch für die gewaltige Höhe des Schuldenberges hat der Auditor eine Erklärung: Man spekuliert auf das zu erwartende Erbe, obwohl die Eltern noch recht lebendig sind und selbst in finanziellen Engpässen stecken; ganz abgesehen davon, daß schließlich noch 6 jüngere Geschwister Anrechte auf ihre Erbteile haben.

"Daß ich unter diesen Umständen in Schulden gerieth, kann nicht befremden, da es bekannt ist, daß der Unterhalt einer Familie in Detmold enorme Ausgaben erfordert", betont Friedrich von Meien noch einmal. "Dagegen wird man die Größe der von mir contrahierten Schuldenlast sich sicher nicht erklären können." Der Älteste hatte mit dem Grundbesitz der Eltern gerechnet. Die folgenden Angaben machen den Vermögens-Hintergrund der Familie deutlich, die in der Residenzstadt als wohlhabend angesehen war: "Ich selbst hatte von dem demnächstigen, in der Erbpacht der Domäne Hellinghausen und in sonstigen werthvollen Immobilien bestehenden Nachlasse meines Vaters, so wie von den im Gute Exten — wofür seiner Zeit 180 000 Rtl geboten sind — bestehenden Nachlasse meiner Mutter[198] ein nicht unerhebliches Vermögen zu erwarten." Genau diese Hoffnungen waren aber nicht in Erfüllung gegangen, "in dem mein Vater kein Vermögen von Erheblichkeit hinterlassen und meine Mutter über das Gut Exten zu Gunsten meiner zwei jüngeren Geschwister verfügt hat." Sie wird gewußt haben, warum.

Der Lauf der Dinge ist nicht mehr aufzuhalten. Erbittert wehrt sich der Auditor von Meien gegen den Vorwurf der Amtsschädigung durch Verschwendung. Trotz der Androhung eines Disziplinarverfahrens denkt er (noch) nicht an freiwilligen Amtsverzicht, sondern kontert heftig gegen die Vorhaltungen, er habe "die Ausgaben außer der Lebens-Nothdurft nicht beschränkt" und einen "die Einnahmen übersteigenden Aufwand" gemacht.

Dabei sieht sich Friedrich von Meien keineswegs als Einzelfall, sondern lenkt den Blick auf die allgemeine Situation mit dem Hinweis, "daß dieses von einem großen Theile der Beamten in hiesigen und anderen Ländern geschehn konnte, welche ohne Privatvermögen und beschränkt auf ihre Gehalte eine Familie zu gründen haben." Das ist ein klares Aufbegehren gegen die damals gängige Praxis, die Beamten durch knappe Besoldung und streng geregelte kleine Aufstiegschancen kurz und gefügig zu halten. Und noch einmal sieht er das Kernübel seines Falles in der "Unmöglichkeit nur mit meinem

Gehalte auch nur die nothdürftigsten Bedürfnisse für mich und meine zahlreiche Familie zu bestreiten, vielweniger sie standesgemäß zu unterhalten."

Mag der Militär-Auditeur von Meien bei seinen Ausgaben auch weit über die zitierten "nothdürftigen Bedürfnisse" hinausgegangen sein, welche Schwierigkeiten muß erst ein Grabbe gehabt haben, der weder über entsprechende verwandtschaftliche Beziehungen verfügte, noch als letzte Sicherheit Erbhöfe im Hintergrund wußte! Der sich wegen einer offenen Schusterrechnung zum Offenbarungseid gedrängt sah und alle Hoffnungen in den Erfolg seiner Dichtungen setzten mußte!

Das dienstliche Ende der beiden zeigt bei allen Unterschieden verblüffende Parallelen. Nach dem nicht mehr abzuwendenden Konkursverfahren wird Friedrich von Meien am 10. September 1863 davon in Kenntnis gesetzt, daß ein Militärgerichtsverfahren gegen ihn eingeleitet werde. Das aber bedeutet ein Disziplinarverfahren mit Entlassung aus dem Dienst. Um diesem zuvorzukommen, bittet er am 26. September um Dienstentlassung, die umgehend erfolgt, aber ohne Pension. Die Bitte um Gewährung einer Pension wird zurückgewiesen. Gesuche des Auditeurs und seiner Frau beim Fürsten bleiben ohne Erfolg. Der endgültige Bescheid vom 30. November deutet zwar die Möglichkeit einer Unterstützung durch den Landtag an, 250 rtl für drei Jahre, doch der lehnt strikt ab, da von Meien die schlechten Vermögensverhältnisse "durch großen Leichtsinn" selbst herbeigeführt habe.

Noch gibt von Meien nicht auf, strengt gegen seine vorgesetzte Behörde einen Prozeß an, der bis zum Oberappellationsgericht führt. Schließlich hat er eine vielköpfige Familie zu versorgen. Unter Einsatz aller juristischen Mittel und Kenntnisse kämpft er dabei erbittert für sein vermeintliches Recht: Er habe das Entlassungsgesuch unter dem Druck der Androhung des Disziplinarverfahrens eingereicht, das sei Nötigung gewesen, argumentiert er. Damit beißt er freilich auf juristischen Granit.

Angesichts der Fakten und Umstände bezeichnet die Gegenseite dieses hartnäckige Prozeßansinnen schlicht als "frivol". Besonders verärgert reagiert man darauf, daß der ehemalige Militär-Auditeur sogar gegen seinen höchsten Vorgesetzten schlimme Vorwürfe erhebt. Seine Klage wird in allen Instanzen kostenpflichtig abgewiesen. Das ist das bittere Aus für eine repräsentative Beamtenfamilie in Detmold.

Längst ist Friedrich von Meien nicht mehr in Detmold, sondern führt seinen Prozeß vom "Ausland" her weiter. Er wohnt in Rellingen/Holstein in der Nähe von Hamburg, "mutmaßlich in schlechten Lebensverhältnissen".[199] Auch seine Zustimmung zum Verkauf des Erbpachtrechtes an der Domäne Hellinghausen erfolgt am 6. September 1868 von Hamburg aus. Zum Treffen der Geschwister im Jahr davor war er nicht erschienen.[200]

Der älteste Sohn Oscar, Ökonom, (*15. Januar 1844), wandert in dem schlimmen Jahr 1863 (über Algerien?)[201] nach Brasilien aus, wurde in Curityba Plantagenbesitzer, heiratete die 1854 dort geborene Rosa Stellfeld; vier Kinder werden in Curityba geboren.[202]

Die übrige Familie zog nach London, wo Konstantin (*7. Dezember 1850 in Detmold) und Alexander (*20. Oktober 1853 in Detmold) als Kaufleute tätig waren und die Töchter Engländer heirateten: Helene (*2. Februar 1845 in Detmold) im Mai 1878 den Kgl. großbrit. Marineleutnant a.D. Alfred Pendlebury und Agnes (*12. November 1848 in Detmold) am 29. April 1880 den Kaufherren Alfred Mosley.[203] Das aber hat Friedrich von Meien nicht mehr erlebt. Er starb am 29. Dezember 1877 in London.

Anhang

Briefe der Familie von Meien

1.

Brief Theodor von Meiens vom 14.7.1839 aus Münster an den Vater, den Regierungsrat Christian von Meien in Detmold[204]
(StA Detmold D 72 Nachlaß von Meien, Brief 14)

Der Kadett Theodor von Meien besucht zur weiteren Ausbildung 1839/40 die Königl. preuß. Divisionsschule in Münster; dort ist er dem 13. Infanterie-Regiment zugewiesen, das von Wrangel seit 1834 kommandiert. Im Oktober wird er zum Portepee-Fähnrich ernannt, nach Abschluß der Ausbildung in Münster am 14.10.1840 zum Seconde-Lieutnant.

Münster d.14.Juli.1839.

Lieber Vater!

Die Schule[205] ist jetzt auf 3 Monate geschlossen, und bin ich daher jetzt der ersten Compagnie des 13. Infanterieregiments attachirt. Zuweilen wird Felddienst geübt, wodann das 13. Infanterieregiment, das Husarenregiment, und die in Münster stehende Artillerie[206], in zwei Abteilungen geteilt in der Umgebung von Münster gegen einander agiren. Bei diesen Felddienstübungen, welche wöchentlich ein zuweilen zweimal statt finden, marschieren wir des Morgens, wegen der später gegen Mittag eintretenden zu großen Hitze schom um 5 Uhr Morgens heraus, und kommen gegen 10 oder 11 Uhr zurück, und ist dann die übrige Zeit des Tages zum Ausruhen bestimmt und brauchen wir dann erst um 7 Uhr da zu sein. Auch das Bajonettiren mache ich ganz mit durch, welches ich nächstes Jahr in Detmold wieder lehren kann. Vorigen Sonntag war ich bei Wrangel[207] zur Tafel geladen, welche einem schwedischen General Baron von Björnstierna[208] zu Ehren gegeben wurde. Ich saß dicht neben Wrangel dem Schweden grade gegenüber. Ich mußte hierhin in Commis gehen,[209] da ich keine feine Montirung hatte, wenn ich mir daher, lieber Vater, mit Deiner Erlaubnis eine feine Montirung für ähnliche Fälle hier machen lassen dürfte? In den ersten Coetus bin ich glücklich gelangt, obgleich ich noch ein Examen in Geschichte und Geographie ablegen soll, welches ich aber, da ich während der Zeit des praktischen Dienstes viele Stunden für mich habe wohl machen werde.

Denn in der letzten Zeit auf der Schule habe ich mich etwas mehr angestrengt, wofür mir Wrangel beim Schlußexamen auch einigen Elogen machte. Im October fängt die Schule wieder an, und sind es dann nur noch 7 Monate da ich im Mai zurückkehre. Dem Kronprinzen sind wir nicht vorgestellt. Dieser kam Abends um 11 Uhr hier an. Vorigen Mittwoch kam Julius[210] hierdurch mit Therese. Er wird ja hoffentlich glücklich in Detmold angekommen sein. Ich habe Beiden die Merkwürdigkeiten Münsters nämlich die Käfige am Lambertithurm und die Torturinstrumente des Knipperdolling[211] u.s.w. gezeigt, denn weiter giebt es hier in diesem Neste nichts zu sehen; sie werden davon erzählt habe. Im übrigen bin ich wenigstens bis jetzt noch ganz wohl, wie Dir auch Julius erzählen wird. Besonders das Exercieren und manövriren in freier Luft, wirkt sehr wohlthätig auf meinen Körper. Auch mit meinem Companiechef, so wie mit den Compagnieofficieren bin ich, wenigstens bis jetzt noch sehr zufrieden. Späterhin, wenn ich den Dienst als Unterofficier inne habe, werde ich Officierdienste thun um auch hier zu lernen. Mein Umgang ist vorzüglich mit den Fähnrichten vom Husarenregiment, wohin auch der Sohn des Herrn v. Pestel[212] steht. Das Baden hat das Militair auch in der hiesigen Badeanstalt zu bestimmten Stunden frei, und habe auch ich und Kellner,[213] da wir für die jetzige Zeit als in Preuß. Diensten stehend, betrachtet werden, Theil an dieser Freiheit. Den Brief vom Lieut. Schumann durch den Lieutenant Reineke[214] wirst Du erhalten haben. Du, lieber Vater, bist hoffentlich wohl, zuweilen bin ich angst, daß Dir was fehlte, und kann dann diesen Gedanken nicht los werden. Auch in unserm Hause wird ja wohl alles gesund sein. Nun leb' wohl, lieber Vater. In kurzer Zeit werde ich Dir mehr auch über meine Verhältnisse schreiben wo auch Mutter und Tante Lene Antwort haben sollen. Bis dahin

       Dein
        gehorsamer Sohn
N.S.   Theodor

Könnten ich und Kellner nicht den Titel Port D'épée Fähnrich erhalten; es ist im Grunde einerlei mit den Titeln, da sie dasselbe bezeichnen, allein da wir doch einmal in Hinsicht des Militairs die Preuß. Einrichtungen haben, und diese unter Cadets die 11 bis 13jährigen Knaben verstehen, welche in den Cadetteninstituten aufgenommen werden, fällt es hier etwas auf, daß wir Cadets heißen.

Poststempel: MÜNSTER 15.7. 9-10 17.7. N-1
 Dem Herrn Regierungsrath v. Meien
  Hochwohlgeboren
   Detmold

2.

Brief Theodor von Meiens vom 10.9.1840 aus Münster an den Vater in Detmold
(Brief im Besitz des Verfassers)

Die Ausbildung Theodors an der Divisionsschule in Münster steht kurz vor dem Abschluß. Am 14.10.1840 wird er zum Seconde-Lieutenant ernannt. Er plant, Julius zu besuchen, der in Koblenz stationiert ist (Vgl. auch Anmerkungen zum Brief vom 14.7.1839 aus Münster).

    Lieber Vater!
    Gegen den 17. wird mein Commando hier zu Ende sein und würde ich dann wie Du mir schreibst nach Detmold zurückkehren, indeß, da meine Zeugnisse doch wohl erst nach drei, vier Wochen von Berlin zurücksein werden, so möchte ich Dich wohl bitten, mir zu erlauben, einen Theil meines Urlaubs, vielleicht 14 Tage bis drittehalb Wochen zu einer Reise nach Coblenz [215] zu benutzen. Ich habe auch Julius schon deshalb geschrieben, und würde ich dann also Anfang Octobers nach Detmold zurück kommen, schreib mir doch bald Deine Genehmigung zu dieser Reise. Wegen meiner Sachen erfolgen die Maaße anbei und würde ich, so wie Kellner, dessen Maaß ebenfalls beiliegen haben müssen 2 Röcke, 2 Hosen, 2 Uniformen welche jedoch aus Berlin zu nehmen sind, da die Detmolder Schneider dieselben sehr schlecht machen, weil sie den Militairschnitt nicht so heraus haben, auch Kellner[216] wünscht obige Sachen aus Berlin. Die übrigen Sachen welche wir noch nöthig haben weiß ja der Hauptmann als: Hut, Czakot, Schärpe, Langschnüre e.c.t. und wünscht Kellner dieselben aus Berlin. Auch ein paar Militair=Mützen könnten uns zugleich mit verschrieben werden und will ich nur bemerken, daß ich als Kopfmaß 23 1/2 Kellner 23 3/4 Köln. Maaß wegen des Czakot's, Mützen und Hut. Meine Oeconomie, lieber Vater, anbetreffend, so will ich Dir nur Schreiben, daß der Lieut. Schumann diesen Sonntag eine Urlaubsreise antritt, welche bis Ende dieses Monats dauern wird. Bei Schmiesing, Zurmühlen u.s.w. werde ich jedenfals Abschied nehmen auch die Rückreise von Coblenz wird sich wohl machen lassen. In Erwartung einer baldigen günstigen Antwort wegen meiner Reise bin ich

                                 Dein
Münster, d. 10. Sept. 1840   stets gehorsamer
                                          Sohn Theodor.

Poststempel: Münster 10.9.   6-7   12.9. N-1
             Herrn Regierungsrath v. Meien
                   Hochwohlgeboren
  Hierbei ein Päckchen
     gez. H.v.M.   Detmold.

3.

Brief August von Meiens am 21.2.1846 aus Schötmar an den Vater
(StA Detmold D 72 Nachlaß von Meien, Brief 20)

August von Meien ist seit dem 13.1.1846 Amtsassessor in Schötmar. In diesen Jahren schwillt die Auswanderungswelle auch aus Lippe stark an.

Lieber Vater!   Es kommen oft Leute, welche Pässe nach Amerika haben wollen, um etwa über's Jahr zurückkehren zu können. Ob diesen Leuten vom Amte, d.h. von mir Pässe ausgestellt werden dürfen, wollte ich anfragen. In den Landesverordnungen habe ich Trotz Suchens keine ausdrückliche Bestimmungen darüber finden können. — Valeat in quantum valere potest, und wenn kein Gesetz existirt, so ist auch kein Verbot vorhanden. —
Einen Auswanderungsconsens[217] wollen die Leute (?) nicht, da sie erst sehen wollen, wie es ihnen dort gefiele. —
Das Leben ist hier recht langweilig. Ich weiß gar nicht, mich zu amüsiren, wenn ich müde von der Amtstube bin; — auch keine Gesellschaft habe ich. —
Es geht doch Nichts über Detmold. —
Ein Pferd werde ich zum Amüsement doch noch haben müssen. —
Wie geht es Mutter?
   Gruß an sie, Dich und Tante Lene und Alle
                           Dein
Schöttmar den 21. Februar 1846.
                      A. von Meien

Sr Hochwohlgeboren
dem Herrn Geheimen Regierungs-Rath von Meien.
                      Detmold
Ass. v. Meien.

Poststempel: Schoetmar 22.2.1846

4.

Brief Emils vom 22.4.1846 aus Rothenhof bei Minden an die Eltern
(StA Detmold 72 Nachlaß von Meien, Brief 21)

Emil von Meien erhielt eine Ausbildung zum Ökonom bei Clemens
Theodor Caesar (s.o.: Emil von Meien) auf dem Rittergut Rothenhof
bei Hausberge in der Nähe von Minden.

Rothenhof den 22ten April 1846.

Liebe Eltern!

Wohlbehalten wenn gleich sehr ermüdet langte ich am vorigen Freitag Abend hier wieder an und traf die Caesarsche Familie gerade beim Essen. — Meiner sämmtlichen Briefschaften entledigte ich mich augenblicklich, den Deinigen wird Herr Caesar wahrscheinlich mündlich beantworten, denn wie ich hörte wird er vielleicht gegen Ende April cum familia nach Detmold kommen. Ich glaubte doch nicht daß der Fußweg über Vlotho so weit gewesen wäre, besonders die Berge zogen mir doch verdammt in die Beine, auffallend war es mir aber wie sehr bei dem Uebergange von den Bergen in die Ebene die grünen Felder und Wälder hiesiger Gegend gegen die dortige hervortraten, die in dieser Hinsicht noch weit zurück sind. Mutter wird es am Abend auf dem Korbwagen etwas kühl geworden seyn? — Ich habe ganz vergessen nach dem "Reineke Fuchs" zu fragen, wenn es Dir möglich seyn sollte ihn mir zu schicken, so würde ich, glaub' ich, meinem Amtsrath ein Vergnügen machen. — Es geht doch nichts über die gewohnte Lebensweise, ich war wirklich froh wie ich hier erst wieder in Ruhe kam, überhaupt hat Detmold jetzt wenig Anziehungskraft mehr für mich gegen früher! —

Lebt nun wohl, Allen meinen Gruß, nächstens mehr

von
Eurem
Emil.

5.

Brief Theodors vom 26.11.1846 aus Berlin an den Vater in Detmold
(StA Detmold D 72 Nachlaß von Meien, Brief 23)

Theodor von Meien besucht zur weiteren Offiziers-Ausbildung von Oktober 1844 bis Juli 1847 die Allgemeine Kriegsschule in Berlin.

Lieber Vater

Dein Brief vom 9. dieses Monats ist glücklich bei mir eingetroffen und beeile ich mich ihn um so mehr zu beantworten da auch unmittelst der Hauptmann Steffen[218] dieser Tage auf einem Abstecher von Magdeburg aus, bei mir gewesen und mich diesen Morgen um 9 Uhr verlassen hat. Soviel thunlich habe ich ihn überall umhergeführt und schien ihm Krolls Etablissement am Meisten zugesagt zu haben. Schade, daß ich ihm nicht auch mit einem militairischen Schauspiel, etwa einer großen Parade dienen konnte. Da aber in diesem Augenblicke bei allen Garderegimentern die Recruten eintreffen und deren Einübung, so wie mit der Entlassung der alten Mannschaft hernach, vollauf zu thun ist, so sind in diesen Monaten wenig militairische Schauspiele zu sehen. Außerdem ist eben nichts nennungswerthes in meinem hiesigen Leben und Treiben vorgefallen. Morgens gehe ich wie immer zur Kriegsschule Abends bin ich zu Haus oder bei einem Bekannten. Die Hofgesellschaften beginnen erst im Januar und brauche ich dazu wie mir Herr v. Röder sagt erst dazu im nächsten Monat meine Karten abzugeben. Bei Eilers bin ich noch nicht gewesen, werde aber in diesen Tagen hingehen. Meine jetzige Wohnung werde ich nun vom 1. kommenden Monats verlassen obwohl ungern, sie hat eine schöne Lage aber allerdings 14 rtl ist, für die Wohnung nicht, wohl aber für mich zu viel. Nun ich habe 'mal Unter den Linden gewohnt. August hat mir den Empfang der Verlobungsanzeigen gemeldet. Er konnte aber kaum deren Ankunft erwarten, 3 Briefe recommandirt und nichtrecommandirt habe ich erhalten ja in den letzten warf er mir sogar Ungefälligkeit und dergleichen vor und ich konnte sie ihm doch nicht eher schaffen, bis sie gedruckt waren, außerdem erhalte ich die Briefe nicht in einigen Stunden von Schöttmar. Nun, ich habe es ihm übrigens nicht übel genommen, den mit Verliebten muß man immer einige Rücksicht haben, und will ich nur wünschen, daß es immer so bleibt. Jetzt wäre die Reihe an mich gekommen, eine Frau zu nehmen, ich muß aber aufrichtig gestehen, daß ich keine große Neigung fühle mich jemahls zu vermählen, ich will lieber der alte Erbonkel werden, die Meien'sche Race möchte sonst gar zu zahlreich werden. Nun, lieber Vater, muß ich noch einen Punkt erwähnen, der uns beiden vielleicht unangenehm

aber nun einmal nicht zu umgehen ist, nämlich den Geldpunkt. Meine erste Einrichtung hier, Ankunft Reise u.s.w. wozu noch eine kleine Schuld an einen hiesigen Schuster kam, das im Ganzen Wenige, was ich damahls von Haus mitgenommen veranlaßt mich, Dich noch um einen Nachschuß von etwa 50 rtl zu bitten, den ich wirklich noch unumgänglich nöthig habe. Ich werde Dir später nicht mehr so oft lästig fallen, aber Du weißt selbst, die erste Einrichtung. Außerdem bin ich ja jetzt kaum noch 10 Monate hier und werde ich künftig dann ganz für mich auskommen. Wenn Du mir etwa 20 von diesen 50 rtl umgehend! senden, die übrigen 30 aber etwa so, daß sie am 1. December hier wären, so würdest Du mich ganz glücklich machen. Ich gebe Dir dagegen ein Anweisung auf das etwa zu bekommende Revüegeschenk oder den Ueberschuß der Premierlieutnants-Gage, wenn ich jetzt schon ernannt werde. Nun laß mich für heute schließen. In Erwartung einer baldigen Antwort bin ich
Dein
den 16. Nov. 1846.   gehorsamer Sohn
                                         Theodor
Meine Wohnung:
Unter den Linden 34. 3 Treppen hoch.

6.

Brief Wilhelms vom 7.4.1847 aus Berlin an die Eltern
(StA Detmold D 72 Nachlaß von Meien Brief 24; Blatt am Rand ausgefranst)

Wilhelm von Meien studiert an der preußischen Bauschule (später: Bauakademie) in Berlin Architektur.

Theure Eltern!

Wenn mir auch der Abschied vom Vaterhause und von Euch Lieben Allen anfangs schwerer fiel als ich gedacht hatte, so hat mich doch einestheils der Gedanke an die Nothwendigkeit und anderntheils die geringe Entfernung des Auseinanderseins getröstet, so, daß ich mich mit den Sehenswürdigkeiten der Reise zerstreute. Meinen Reiseplan habe ich ganz und gar ausgeführt. In Rinteln ließ ich plombiren und kam um 7 Uhr in Hannover an. Eine Droschke brachte mich nach dem der Eisenbahn gegenüber neuerbauten Hotel royal, woselbst ich trefflich logi[rte]. Gestern Morgen um 5 Uhr fuhr ich von Hannover ab und war schon um 11 [Uhr] in Magdeburg, wo ich gern Coelers besucht hätte, wenn

ich Zeit gehabt hä[tte.] Es blieb mir nur soviel, daß ich etwas genießen konnte und an das je[nseiti]ge Ufer der Elbe fuhr. Von da kam ich schon gestern nachmittag um 4 [Uhr] hier an. Theodor nahm mich auf dem Bahnhofe in Empfang und führte m[ich und] mein Gepäck nach seinem Logis. Vorläufig bin ich noch bei ihm und wird [es sich] wohl machen lassen, daß wir zusammen wenigstens in einem Hause woh[nen.] Als wir von der Bahn vor dem Finanzministerium vorbeikamen, fr[agten] wir den Portier nach der Sprechstunde des Herrn von Düesberg[219] und e[rfuh]ren, daß heute den 7ten gar keine Audienzen gegeben würden und daß es [jetzt (?)[(den 6ten) eben Zeit sei, ihn zu sprechen. Wir machten uns deßhalb gleich auf, war[fen] uns in den Frack und gingen um 5 Uhr zu ihm. Er empfing [uns] freundlich und sagte, daß die Bauschule zwar sehr voll sei, inde[s wolle] er sehn, daß sich meine Aufnahme noch bewerkstelligen ließe. Er sagte, der Präsident Eschenburg sei sein genauer Bekannter. Wenn der also nur gehörig geschrieben hat, so werde ich wohl aufgenommen werden. Theodors Wohnung hat eine ganz angenehme Lage in einem neuen Hause. Die Logis sind hier jetzt sehr theuer, da die vielen Deputirten Alles in Beschlag nehmen. In Hannover waren die Eisenbahnbüreau's gestern so angefüllt mit Landtagsdeputirten, daß ich Mühe hatte, mein Gepäck unterzubringen. Einige von ihnen, mit denen ich fuhr, schienen mir jedoch nicht viel mehr wie Bauern zu sein und unterhielten sich über zu berathende Gegenstände immer nur in ihrem eigenen Interesse. Besonders ein Alter aus dem Kreise Münster machte einen komischen Eindruck. Ein gutmüthiges Lächeln lag beständig auf seinem Gesichte und die naive Unterhaltung, die sich in Verwunderung über die neuen Erfindungen und Einrichtungen verlor, ergötzte die ganze Gesellschaft.—
An den Spektakel der hier in ganz Berlin ist kann ich mich noch nicht gewöhnen. Das beständige Fahren der Droschken und andern Wagen, das Durcheinanderschrein der verschiedensten Leute macht anfangs einen sonderbaren Eindruck. — Die vorige Nacht habe ich mit auf Theodors Kammer geschlafen, wohin er noch ein Bett hatte setzen lassen. Heute Morgen sind wir einmal durch die vornehmsten Straßen gewandert und haben uns die wahrhaft großartigen Paläste angesehn, zugleich auch des Hauptmanns Steffen Briefe besorgt.—
Bis Freitag werde ich wohl Nachricht bekommen und Euch dann sogleich darüber berichten. Theodor ist ganz munter und wohl. Er läßt herzlich grüßen und hat mir das Schreiben für diesmal allein überlassen.
Mit den besten Grüßen an alle die lieben Verwandte
stets Dein treuer Sohn

Berlin, den 7ten April 1847.   Wilhelm.

P.S. Ein Petschaft habe ich ganz vergessen. Ich kann erst Theodor's P. gebrauchen und mir alsdann hier ein solches stechen lassen.

7.

Brief Wilhelms vom 1.1.1848 aus Berlin an den Vater in Detmold
(StA Detmold D 72 Nachlaß von Meien Brief 25)

Berlin, den 1. Jan. 1848

Geliebter Vater!
Meinen Glückwunsch zum neuen Jahre! Ich hoffe und wünsche, daß Du es eben so gesund und munter angefangen habem mögest, als ich es gethan habe, und daß es der übrigen Familie ebenso gehe. Ich habe hier ein ganz vergnügtes Weihnachtsfest erlebt, obwohl ich viel an Euch gedacht habe, und mich das Getrenntsein von Euch gerade an diesem Feste im Anfang etwas wehmütig machte. Den heiligen Abend brachte ich mit einigen Kameraden zu. Wir hatten selbst ein kleines Bäumchen zurecht gemacht und uns dabei sehr froh und gemüthlich unterhalten. Am 1sten Festtag war ich bei Mad. Oppenheim zum Diner. Es war eine sehr heitere Gesellschaft von etwa 15 Personen geladen und wir blieben bis beinah 12 Uhr Abends zusammen. Am Abend wurde viel musicirt und auch ich wurde aufgefordert zu singen, konnte aber leider meiner Noten wegen nicht. Es wäre mit sehr lieb, wenn Ihr sie mir per Post schicktet, es wird ja soviel Porto nicht kosten. Ich komme gar zu häufig in Verlegenheit, wenn ich singen soll. Mathilde kennt die 3 oder 4 Bücher. —
Heute Morgen um 4 Uhr war hier ein sehr heftiges Feuer ganz in meiner Nähe, doch wurde es bald wieder gelöscht, da verschiedene Sprützen sehr schnell auf dem Platze waren. Uebrigens ist es doch unangenehm, wenn man es so in der Nähe hat. — Heute hört man in der ganzen Stadt nur Choräle. Diesen Morgen wurden sie von sämmtlichen Thürmen geblasen und jetzt hört man sämmtliche Harfenisten, Flötenbläser, Leierkasten etc, die sonst Tänze auf den Straßen spielen, nur Choräle vortragen. Man bekommt sie aber so satt, daß ich mich ordentlich fürchte, auf die Straße zu gehn. Alles sucht den Pietismus des Hofes nachzuahmen.
— Nun, lieber Vater, muß ich Dich wieder um einiges Geld bitten. Meine Casse ist ganz leer und wäre es mir deßhalb lieb, wenn Du mir recht bald 50 - 60 Thaler schicktest. — Die beiliegenden Briefe bist Du wohl so gütig an die Adressen zu besorgen. — Die ganze Familie Pustkuchen, Coelers etc grüße ich bestens und wünsche ihnen ein fröhliches neues Jahr.
Lebe wohl und behalte lieb
     Deinen treuen Sohn
     Wilhelm.

8.

Brief Wilhelms vom 23.10.1849 aus Berlin an den Vater in Detmold
(StA Detmold D 72 A Nachlaß von Meien Brief 28)

Berlin, den 23ten Okt.1849.
Lieber Vater!
Nachdem Euch Julius, wie ich vermuthe, wieder verlassen hat, seid Ihr wohl wieder von der gehabten Unruhe, die ein solcher Besuch doch immer mit sich führt, befreit und habt wahrscheinlich die Winterquartiere bezogen. Ich meines Theils habe ein Gleiches gethan und mich schon in die neue Zeiteintheilung, die die Collegien des Wintersemesters verursacht haben, eingebürgert. Wenn auch im Allgemeinen die neue Einrichtung der Bauakademie manche Verbesserung herbeigeführt und alte Mängel fortgeschafft hat, so ist doch auch in gewisser Hinsicht das Wesen der alten Bauschule geblieben und hat die Sache nur den Namen verändert. Auch unser Verhältnis als Ausländer zu der früheren Bauschule hatte mit deren Aufhören ein Ende und mußten wir deßhalb uns von Neuem zu der Bauakademie melden und um Erlaubniß nachsuchen, was indessen nach einigen Formalitäten ohne Schwierigkeiten gewährt wurde. Weniger günstig trafen es aber die Ausländer, die jetzt neu hinzukamen, indem diese ohne Ausnahme wegen wirklichen Mangels an Platz abgewiesen sind, denn der Zugang der Inländer war diesmal sehr beträchtlich, nämlich 180.
Für die Bezahlung des Honorars wurde diesmal auch mehr Pünktlichkeit gefordert, so daß ich gestern meinen Verpflichtungen ebenfalls nachkommen mußte, wodurch meine Casse freilich mehr als erschöpft wurde und ist dies der eigentliche Grund dieses Schreibens, nämlich die Bitte, mir so bald als möglich einige Gelder zu übersenden. Könntest Du mir die 30 rt für Collegien und gleichzeitig etwas für den nächsten Monat schicken, so würde mir das sehr angenehm sein.
Im Architecten Verein machte ich vor einigen Tagen die Bekanntschaft eines Architecten und Malers, der sich 20 Jahre im Innern Rußlands, Asiens und Sibiriens herumgetrieben und mit Kirgisen, Kalmücken, Tartaren und all diesen wilden Völkern jahrelang verkehrt hatte. Seine Erzählungen über seine Taten waren höchst interessant und namentlich auch die vielen Zeichnungen und Skizzen, die er dort über ihre Gebäude, Geräthe, Kleidungen, Sitten etc. angefertigt hatte, höchst merkwürdig. Seine Sammlungen von wirklichen Gegenständen, die sehr reichhaltig ist, werde ich nächstens noch zu sehn bekommen.
Zu den vielen Beweisen der Anhänglichkeit, die der König in dieser Zeit erhalten hat, kam am 19ten noch ein höchst glanzvoller. Es wurde nämlich im Opernhause zum Besten der verwundeten Krieger in Baden "ein Feldlager in Schlesien", eine patriotische Oper von Meierbeer gegeben, vorher aber "das Lied der Majestät", ein von Taubert zum Geburtstag des Königs componirtes Lied,

auf allgemeines Verlangen noch einmal vorgetragen. Als es unter vielem Applaus geendet hatte, brachte eine Stimme aus dem Parquet ein Hoch auf den König aus, dem von allen Seiten donnernd beigestimmt wurde, dann ein zweiter ein Hoch auf den Prinz v. Pr., was ebenso aufgenommen wurde, dann folgten noch eins auf das Haus Hohenzollern und eins auf den Sohn des Prinz v. Pr., der an diesem Tage sein Geburtstagsfest und seine Großjährigkeit feierte, beide fanden im Hause einen ungeheuren Beifall und die Hochs wollten nicht endigen, der Pr. v. Pr. und sein Sohn dankten von ihrer Loge aus gnädig(?)lich durch Verbeugungen, was die Damen durch Aufstehen und Wehen mit den Tüchern erwiederten. Dieser Jubel hörte nicht eher auf, bis daß von allen Seiten das Volkslied verlangt wurde und nun die ganze Gesellschaft unter Begleitung des Orchesters "Heil Dir im Siegerkranz" zu singen anfing. — Hernach wurde die Stelle in der Oper: "Für unsern König unser Blut" etc. 2mal da Capo verlangt und auch gesungen.

Im übrigen ist von hier nichts zu berichten und ich schließe mit vielen Grüßen an Alle als

Dein treuer Sohn
Wilhelm.

8.

Brieffragment vom 16.9.1851 von Julius in Koblenz an die Mutter in Exten
(StA Detmold D 72 Nachlaß von Meien, Brief 31)

Du erwähnst, es sei noch zu früh, an Eingehung eines neuen Verhältnisses zu denken. Allerdings, was mich persönlich anlangt, wird es stets zu früh bleiben. Auch davon ist abzusehen, ob es mir gleichgültig sei oder wehe thun müsse, nur in den todten Formen des Familien-Lebens meine Kinder um mich zu sehen. Aber sicher ist's, daß meine Kinder den Verlust der Mutter um so weniger schmerzlich einst empfinden werden, je weniger sie durch die Zeit diesen Namen und seine Bedeutung vergessen lernen. —

Um dieses Thema heute zu beenden, bemerke ich schließlich noch zu Deiner Beruhigung, liebe Mama, daß noch kein Gegenstand mir bekannt geworden, auf den diese Gedanken über mein zukünftiges Sein oder Nichtsein sich beziehen. Ich habe sie nur hingeschrieben, um Dir die Erforschung meiner Gedanken zu erleichtern.

Meine Kinder hätte ich zum Oktober gerne wieder bei mir, weiß aber nicht, wie dies zu bewerkstelligen. Die Älteren bedürfen des regelmäßigen Schulunter-

richts und die Jüngeren möchte ich doch auch gerne näher kennen lernen. Wer weiß, wie lange ich noch zu Hause bleiben kann! —
Wir haben gestern in Horchheim einen Magdeburger begraben, der sich daselbst erschossen hatte. Er war Postsekretär und hinterläßt, außer einer jungen Braut im Würtembergischen, hier ein Vermögen von 15,000 Ethl, das er ihr übrigens vermacht hat. Marie Köhler interessiert sich gewiß für diesen jungen Mann! —
Antworte mir doch bald, wie lange Du und die Kinder noch in Exten bleiben werdet. Möglicher Weise würde ich Ende des Monats auf 8 Tage kommen, um letzte abzuholen.
    Grüße Alle! In Eile!

Dein
gehorsamer Sohn
Julius.

An die Frau Regierungsdirector von Meien
Hochwohlgeboren zu Exten bei Rinteln
Poststempel: COBLENZ 16.9. /DEUTZ MINDEN 17.9. / BERLIN MINDEN 18.9. / RINTELN 18.9.1851

Julius' 1. Frau Maria Therese Karoline, geb. Münch, war am 29. Jan. 1851 in Koblenz gestorben; aus dieser Ehe stammten Minna Magdalena Luise, *Koblenz 23.4.1841, Friedrich Wilhelm, *Koblenz 1.12.1843, der Patensohn Theodors, Trauda Maria Magdalene, *Ehrenbreitstein 28.1.1849 und August, *Koblenz 3.12.1850.

9.

Brief des Regierungsdirektors Christian von Meien vom 29.10.1851 aus Detmold an Frau Louise von Meien auf Gut Exten bei Rinteln (StA Detmold D 72 Nachlaß von Meien, Brief 33)

Liebe Louise!

Ohne mich auf Weiteres einzulassen, bemerke ich kurz in Ansehen des Vermehrungshäuschens[220], wie es Fränzel[221] nennt, daß ich nur nicht will, daß es in Ruinen dasteht, sondern weggebrochen oder seinem bisherigen Zweck entsprechend wieder reparirt werde. So will es die Ordnung und die Bewahrung vor schlechtem Ansehen und vor Mißdeutungen. Von *Erweiterungen* ist nicht

Rede gewesen, am wenigsten von Ananas, deren Fränzel erst in einem am Freitag erhaltenen Briefe erwähnte, den ich nicht beantwortet habe. Wehrt man dem Verfall nicht zur rechten Zeit durch Reparaturen ab; so sind die Kosten nachher desto größer. Ich habe übrigens nichts dagegen, daß Fränzel zusammt der Orangerie aufgegeben wird und giebt es keine Verhältnisse, die dem entgegenstehen, wenn man die Äußerlichkeiten nicht in Anschlag bringen will, die einem Gute wie Exten allerdings Ruf und Werth geben.
Den Brief von Julius wirst Du erhalten haben, zu welchem ich noch bemerke, daß ich ihn(?) wiederholt aufgefordert habe, zunächst nach Exten zu kommen.
Emil danke ich für seine Nachrichten und antworte oder schreibe einmal, wenn mir der Kopf weniger angegriffen ist als heute. Gestern dauerte die Regierung von 9 bis 4 1/2 Uhr, nicht ohne Verdrießlichkeiten und Aufregungen, deren Spuren und Folgen nicht ausbleiben. Die Stände werden nicht wieder eintreffen. Da Julius nicht bestimmt angeben kann, wann er in Exten eintrifft, so ist auch dessen Abhohlung von Minden nicht thunlich und kommt es daher nicht darauf an, wann ich Conrad[222] schicke, oder daß ich ihn früher schicke als bis die hiesigen Kinder mitfahren wollen, deren Verlangen, sich von hier zu entfernen, nicht zu spüren ist, so oft ich es auch auf die Gründe werfe. Es wird wohl Alles von Juliussens Ankunft und den Nachrichten von dort abhängen. Ich füge mich gern in Alles und wünsche nur mit Ärger und Verdruß verschont zu bleiben, welcher die Freudigkeit des Lebens unterdrückt und zur Lähmung des Geistes wie des Körpers führt.
Ich weiß von der Familie nichts zu melden und bin wie immer

D.d. 29.Oct.1851   Dein
   Abends   v. M./.

An Frau Regierungsdirectorin
     von Meien, Hochwohlgeboren
        auf Exten bey
           Rinteln
Poststempel: Detmold 29.10.1851 / Rinteln 30.10.1851

10.

Brief des Regierungspräsidenten von Meien vom 5.11.1856 aus Detmold an den Sohn Emil in Exten
(Im Besitz des Verfassers)

Detm. d. 5. Nov. 1856

Lieber Emil!

Dir und der Mama meinen besten Dank für die gestrigen Zeilen. Der Mama schreibe ich nächstens; heute wollte ich Dir nur anzeigen, daß Mathilde eine große Tonne mit Äpfeln, trocknen Zwetschen, Schnitzen und Zwetschensaft gefüllt hat, welche morgen, wenn es mit dem Froste nicht zu viel wird, nach Detmold abgeht. Es thut mir leid, daß Julius diesen Herbst nicht kommen kann.
Die Ackerbestellung wird bey dem nun auch hier eingetretenen starken Frost (4 Grad) unterbrochen seyn; doch hoffe ich noch auf baldige Witterungs-Änderung.
Daß Bergmann [?] gezahlt hat, beweiset die Einlage. Nun wird aber Wilhelm noch eine Baumbestellung machen; es fragt sich jedoch, ob Du sie effectuiren kannst und der Frost die Pflanzung noch zuläßt.
Ich freue mich, daß der neue Ofen allseitigen Beyfall findet. Ich wollte, ich hätte einen solchen auch auf meiner Stube. Der schlechte dießjährige Torf verbunden mit meinem schlecht construirten Ofen läßt mich jetzt schon frieren. Was wird das später noch geben!
Meine gestrige Actensendung wirst Du erhalten und Hartmann [?] darüber weiter instruirt haben.
    Mama und Dich herzl. grüßend Dein
                    Getreuer
                    v. Meien./.

Herrn E. von Meien
        Hochwohlgeboren
frey   auf
Rg.Präsident *Exten* bey
v.Meien ./.   *Rinteln*

Poststempel: Detmold 5.11.1856

Anmerkungen

1. Anschreibebuch im Besitz des Verfassers
2. Fritz Verdenhalven, Detmolds Einwohner im Jahr 1828, Detmold 1983; (unten abgekürzt: V BB 28).
3. Fritz Verdenhalven, Bürgerbuch der Stadt Detmold, Detmold 1977, (unten abgekürzt: V BB).
4. Johann Christian Ludwig Emmighausen, Sammlung mancherley Begebenheiten im Fürstenthum Lippe vom Jahr 1801 und ff. Jahren, StA Detmold D 72 Emmighausen 1,2.
5. Taschenbuch der Briefadeligen Häuser, 1. Jhg. Gotha 1907.
6. StA Detmold D 72 Nachlaß von Meien, Briefe 8,9,22.
7. Ebd. Brief 17
8. Helene von Meien: "Am 22.d.M., morgens 2 Uhr, wurde meine Schwester Helene von Meien ihrem sie innigst liebenden und verehrenden Familienkreise durch sanften Tod entrissen. Detmold, den 23.Mai 1856. Der Reg.=Präsident von Meien nebst Familie". (Anzeige im Fürstl.=Lipp.Regierungs= und Anzeigeblatt 1856, Nr.21, S.367).
9. Zum Schulgeld kamen die Kosten für "den für notwendig erachteten Privatunterricht in Französisch, im Tanzen, im Reiten und in Musik". (Erhard Wiersing: Eine Schülerlaufbahn vor 150 Jahren am Leopoldinum in Detmold. In: Gymnasium Leopoldinum, Jahresschrift 1989/90, S.21f.); vgl.: Erhard Wiersing: Das Detmolder Gymnasium in der ersten Hälfte des 19. Jahrhundert. In: Lippe im Vormärz, Bielefeld 1990, S.128.
10. Gymnasium Detmold, Schulprogramm 1819, S.30-39.
11. StA Detmold Nachlaß von Meien, Brief 23 v. 16.11.1848, (siehe Anhang).
12. Ebd. Brief 25 v. 1.Januar 1848 (siehe Anhang: Wiedergabe der Familienbriefe!).
13. Christian Dietrich Grabbe, Werke und Briefe, Hist.-krit. Gesamtausgabe in sechs Bänden, hg. v. der Akademie der Wissenschaften in Göttingen, bearb. v. Alfred Bergmann, Emsdetten 1960-73 (zitiert: Grabbe: Werke), Bd.V, S.24, Brief v. 12.Juni 1820.
Bergmann meint freilich zu dieser Summe in "Glaubwürdigkeit", S.315: "Grabbe konnte mit diesen Jahreszahlungen ausreichen, denn dieses Einkommen lag über dem Existenzminimum, und keinesfalls darunter. Er konnte sogar recht bequem und völlig sorgenfrei von diesen 300 Rtlrn. leben. Dafür, daß er als Student wirklich Not gelitten, [...], gedarbt und gehungert habe, spricht kein einziges glaubwürdiges Zeugnis...". Ebd. S.312 f. gibt Bergmann Beispiele für Einzelkosten in der Universitätsstadt

Leipzig in den Jahren 1820-22: "Darnach bezahlte Grabbe für sein Mittagessen im Monat 90 ggr, für den Morgenkaffee mit Zucker und Milch 35. Rechnet man Butter und Brot wieder 90, so macht das im Monat, den Reichstaler zu 28 gute Groschen gerechnet, 7,7 Rtlr. oder im halben Jahre 46,2 Rtlr. Selbstverständlich hatte Grabbe mancherlei sonstige Ausgaben. Nicht alle Kollegs hatte er frei."
14. Grabbe: Werke Bd.V, S.62.
15. Grabbe schreibt am 26.Juli 1823 aus Leipzig an die Eltern: "Ich habe einen dummen Streich gemacht; ich versprach vor sieben Wochen Euch zu besuchen und erhielt auch wirklich von dem königl. Theater 40 rthlr. Reisegeld, um in Leipzig, Berlin und Braunschweig Buchhändler-Geschäfte für mich und Tieck abzumachen und bin nun sechs Wochen beinahe ununterbrochen in Leipzig liegen geblieben. [...] Ihr könnt denken, daß ich von meine 40 rthlrn. noch einige Thaler übrig habe, aber nichtsdestoweniger reicht es nicht hin, um hier das Logis und alles gehörig zu bezahlen, noch viel weniger, um Euch zu besuchen, [...]. Demnach bitte ich Euch mir ohngefähr 5 Louisd'or zu schicken oder auch mir zu leihen, [...]". Grabbe: Werke Bd.V, S.88.
16. StA Detmold, Kirchenbuchkartei.
17. StA Detmold D 72 Nachlaß Heldmann III A 2 e.
18. Siehe auch: Dienstleistungen.
19. StA Detmold D 72 Nachlaß Heldmann III A 2 e; vgl.: Lippe, Leben-Arbeit-Geld, hg. von Josef Wysocki und Volker Wehrmann, Detmold 1986, S.132 f.
20. Hexenpulver: vgl. Hexenmehl: gelbliches Pulver aus reifen Bärlapp-Sporen, u.a. als Streupulver auf Pillen und vielseitiges Heilmittel verwendet. (Nach: Dudenlexikon, Mannheim 1966).
21. Georg Eisenhardt, Zum Leben der "feinen Leute" in Detmold, in: Lippe im Vormärz, Bielefeld 1990, S.220 f.
22. Lippe, Leben-Arbeit-Geld, a.a.O., S.24.
23. Georg Heil, der Lippische Weserhafen Erder, 1983, S.75.
24. Brief vom 5.Nov.1856: Christian von Meien, Detmold, an Sohn Emil auf Exten (siehe Anhang). Im Besitz des Verfassers.
25. Lipp. Intelligenzblätter 21.9.1820, Nr.39, S.307.
26. StA Detmold D 72 Nachlaß von Meien, Brief 18.
27. Ebd. Brief 10.
28. Brief v. 10.10.1830 im Besitz des Verfassers.
29. StA Detmold D 72 Nachlaß von Meien, Brief 19.
30. "Eine Klafter Holz ist 6 Fuß hoch, lang und breit", in: Fürstlich-Lippischer Kalender 1832, Anhang: "Tabelle der Maaße".
31. Brief vom 5.11.1856 im Besitz des Verfassers (siehe Anhang).

32. "Torf aus dem Hiddeser Bent steht zur Abfuhr hinlänglich trocken." Anzeige in den Lipp. Intelligenzblättern 1832, Nr.36, S.309.
33. Brief vom 10.9.1840, im Besitz des Verfassers (siehe Anhang).
34. Anzeige im Fürstl.-Lipp. Regierungs- u. Anzeigeblatt 1856, Nr.21, S.367.
35. StA Detmold D 72 Nachlaß von Meien, Brief 2.
36. StA Detmold, Kirchenbuchkartei.
37. Brief vom 8.2.1830, im Besitz des Verfassers (siehe Anhang).
38. "Der Schulpedell, welcher Heizung und Reinigung der Zimmer wie auch das Läuten besorgt, erhält halbjährlich von einem Schüler der untersten Classe 1 mgr.; von einem der dritten Classe 2 mgr.; von einem der zweiten Classe 3 mgr.; von einem der ersten Classe 4 mgr." In: Detmolder Schulprogramm 1819, S.38.
39. vgl. Theologische Lesegesellschaft, Anzeige v.20.7.1848, in: Reg.- u. Anzeigeblatt 1848, Nr.30 S.455.
39a. vgl. Ingeborg Kittel, Der Umfang des Gemeindebezirks Neustadt Detmold, S.152 f. In: Lipp. Mitteilungen 53 (1984).
40. Regierungsmitglieder genossen Portofreiheit.
41. Angaben zur Familie von Meien: Taschenbuch der Briefadeligen Häuser, 1.Jhrg. Gotha 1907, S.521 f. u. Gothaisches genelaogisches Taschenbuch der Adeligen Häuser. Alter Adel und Briefadel. 17.Jhg. Gotha 1923, S.432f.
42. StA Detmold L 92 B X Tit.VI Nr.3 Bd.I, S.297.
43. StA Detmold L 75 II. Abt.6 Nr.30.
44. StA Detmold L 92 B X Tit.VI Nr.3 Bd.I, S.419.
45. Lipp. Geschlechterbuch Bd.72, S.340.
46. Grabbe: Werke Bd.V, S.441.
47. StA Detmold L 92 B X Tit.VI Nr.3 Bd.I, 432, 433, 462.
48. Deutsches Geschlechterbuch Bd.52, S.138.
49. Grabbe: Werke Bd.V, S.441.
50. StA Detmold L 77 A Nr.1524, 1 u. 2.
51. Brief und Abschrift des Briefes der Fürstin Pauline in Privatbesitz.
52. StA Detmold L 77 Nr.2741.
53. In Detmold sind 3 weitere Kinder bereits früh gestorben: am 18.10.1820 Theodor an Bräune (2 J. 10 Mon.); am 10.3.1824 Louise an Scharlach (2 J. 1 Mon.) am 22.10.1824 Franz an Wassersucht (8 3/4 J.) (StA Detmold, Kirchenbuchkartei).
54. Friedrich Verdenhalven, Kneipiers, S.168. In: Lipp. Mit. 52 (1983).
55. Eintragungen am 12.2. und 17.5.1832: "Zinsen vom Haus" an Gerke.
56. siehe Anm. 39a.
57. StA Detmold D 106 Detmold Nr.7 Bl.69.
58. StA Detmold L 101 C I Stadt Detmold, Nr.8, S.548.

59. Eintragung 21.1.1832: "7½ Schffl Pachtkorn aus dem Garten pro 1827/31".
60. StA Detmold L 77 A 5783, S.221 f.
61. Hans Kiewning, Fürstin Pauline zur Lippe, 1769-1820, Detmold 1930, S.476.
62. Ebd.
63. Ebd. S.512.
64. Gerhard Peters, Baugeschichte der Stadt Detmold. In: Geschichte der Stadt Detmold, Detmold 1953. S.197.
65. Ebd. S.200.
66. Ebd. S.205.
67. Emmighausen, Begebenheiten Nr.1 (8.Juni 1818).
68. Peters, ebd. S.200.
69. Peters, ebd. S.201; Kiewning (a.a.O., S.279) beziffert das Defizit auf "nahezu 2500 Rt".
70. StA Detmold L 77 A Nr.1524 (wie die folgenden Angaben aus der Personalakte).
71. Grabbe: Werke Bd.V, S.321.
72. Ebd. S.342.
73. StA Detmold L 77 A Nr.1542.
74. Grabbe: Werke Bd.V, S.130 f.
75. Bergmann, Glaubwürdigkeit, S.375 f. (Dieses Gutachten und der folgende Vorgang).
76. Grabbe: Werke Bd.V, S.121 f.
77. Bergmann, Glaubwürdigkeit, S.380-83.
78. Grabbe: Werke Bd.V, S.467:
Friedrich August Wasserfall, *8.4.1793, † 23.11.1838; Sohn des Kammerregistrators August Wilhelm W., 1820 selbst Kammerregistrator, 1824 Clostermeiers Nachfolger als Bibliothekar, 1829 als Archivar; verh. 18.4.1826 mit Anne (Nancy) Friederike Pustkuchen, Tochter aus der 1. Ehe des Rezeptors Johann Ernst Pustkuchen; 1837 heiratete er deren Stiefschwester Mathilde Ottilie.
79. Johann Ernst Pustkuchen, Rezeptor, Fürstl. lipp. Rat und Amtmann, *12.2.1766, † 28.1.1854, heiratet in 1. Ehe 1794 Wilhelmine Sophie Elisabeth von Meien, *Hellinghausen 11.9.1771, † Detmold 19.4.1814; heiratet in 2. Ehe in Detmold deren Schwester Konradine Wilhelmine Charlotte von Meien, *Hellinghausen 8.2.1788, † Detmold 10.1.1856.
80. Bergmann stellt in "Glaubwürdigkeit" fest: "Daß Grabbe den Stand des Vaters als bedrückend empfunden hat, ist völlig sicher. [...] Wie sehr man auch in Detmold ihn für ein Hemmnis hielt, kann eine Bemerkung Ballhorn-Rosens zeigen, wonach er seinen Zweifel daran, daß Grabbe in

seiner Vaterstadt zu einer einträglichen Position gelangen könne, u.a. damit begründet, daß der Vater doch ohne die Vorsteherschaft an dem steinernen und vergitterten Landes-Erziehungsinstitute nicht leben könne." (S.503).
Als Zuchtmeister hatte Adolf Henrich Grabbe übrigens im Jahre 1832 an Einnahmen: 186 rtl, 17 gr., 1½ d! (Ebd. Tabelle nach S.618).

81. Grabbe: Werke Bd.V, S.199 u. S.208.
82. Ebd. S.200.
83. Ebd. S.260.
84. Ebd. S.287 f.
85. Ebd. S.366.
86. Grabbe: Werke Bd.VI, S.366 f.
87. Ebd. S.36 f.
88. Ebd. S.47-49, S.411: Friedrich Preuß *1805, 1829 Auditor beim Amt Detmold, 1833 Auditor bei der Justizkanzlei.
89. Grabbe: Werke Bd.VI, S.51 f.
90. Ebd. S.49 f.
91. Ebd. S.54 f.
92. Ebd. S.56 f.
93. Ebd. S.59.
94. Ebd. S.60 f.
95. Ebd. S.63.
96. Ebd. S.64.
97. Ebd. S.64.
98. Ebd. S.65.
99. Ebd. S.69.
100. Ebd. S.78.
101. Ebd. S.87.
102. Ebd. S.437.
103. Eduard Duller, Grabbe's Leben, Faksimile-Druck, Detmold 1977, S.52.
104. Karl Ziegler, Grabbe's Leben und Charakter, Neudruck Detmold 1984, S.139 f.
105. Grabbe: Werke Bd.VI, S.87.
106. Ebd. S.88.
107. Alfred Bergmann urteilt in "Glaubwürdigkeit" sehr positiv über von Meien: "Insbesonderheit erscheint Grabbes unmittelbarer Vorgesetzter, der Regierungsrat Christian v. Meien, von dem Grabbes Schicksal in erster Linie abhing, durchweg als ein höchst gerechter und wohlwollender Beamter, der mit großer Geduld die Schwächen und Verfehlungen Grabbes, seine Launen und übereilten Beschlüsse ertrug, das Eigentümliche mit in Rechnung setzte, in seinen häuslichen Unfrieden ausgleichend und ver-

söhnend einzugreifen suchte, und, ganz unbureaukratisch, vielmehr frei und menschlich in seiner Betrachtung der Dinge, alles tat, um Grabbe auf seiner Laufbahn vor der Entgleisung zu bewahren." S.451.
108. Eduard Duller, a.a.O., Nachwort Hans-Werner Nieschmidt, S.38 f.
109. Ferdinand Freiligraths Briefwechsel mit der Familie Clostermeier in Detmold, hg. von Alfred Bergmann, Detmold 1953; vgl. Louise am 29.4.1838: "Daß der Regierungsrath von Meien die Amtsenthebung von Gr. gewünscht um seinen Neffen Pustkuchen befördern zu können ist wahr, aber es läßt sich nicht beweisen." Nach einer Darstellung des Vorgangs aus ihrer Sicht zitiert sie Grabbes angebliche Äußerung: "nun weiß ich woran ich bin, der Regierungsrath will mich verdrängen, Pustkuchen soll den Dienst haben pp."; S.104 f.; ("Denkgläubigkeit" oder wahrer Kern?)
110. Ebd., S.111 f.
111. Ebd. S.117.
112. Erich Kittel, Geschichte des Landes Lippe, Köln 1957, S.206.
113. StA Detmold L 77 A Nr.1524.
114. Theodor Heldmann: Die Stellung der Regierungsmitglieder zur Aufhebung des Wahlgesetzes von 1848 und ihre Folgen. In: Lipp. Mitteilungen 11 (1921), S.119 f. Darin: Dr. Laurenzius Fischer, Oldenburgischer Geheimer Staatsrat, 12.9.1853 Ernennung zum Wirklichen Geheimen Rat u. Chef des gleichzeitig eingerichteten fürstl. Cabinets, das bereits am 30.9. zum "Cabinetsministerium" ausgebaut wurde (S.129).
115. Erich Kittel, ebd. S.211.
116. Wilhelm Süvern, Moritz Leopold Petri. In: Lipp. Mitt. 43 (1974), S.167.
117. Theodor Heldmann, Die Stellung der Regierungsmitglieder zur Aufhebung des Wahlgesetzes von 1849 und ihre Folgen. In: Lipp. Mitt. 11 (1921), S.119 f.
118. *Piderit*, Carl G., Geh. Oberregierungsrat, *26.1.1791 in Blomberg als Sohn des Kaufmanns u. Richters J.C.H. Piderit, ab 1809 stud. iur. Göttingen, 1812/13 Auditeur beim Lipp. Bataillon, 1814 Advokat in Detmold, † 18.8.1854 zu Ems "unter Nachwirkung der ihm widerfahrenen Unbill" (Heldmann, S.136).
Petri, Moritz Leopold, *1.6.1802 in Lage als Sohn des Syndikus u. späteren Regierungspräsidenten Petri, Gymnasium in Detmold, 1820 stud. iur. in Göttingen, Jena, Leipzig, 1824 Hofgerichtsauditor, 1825 daneben Syndikus in Lage, 1833 Assessor am Hofgericht, Rat der Justizkanzlei, Mitbegründer des "Lipp. Anzeigers für vaterländ. Kultur u. Gemeinwohl" sowie u.a. des Vereins für den Bau des Hermannsdenkmals, 1836 Landtagsabgeordneter, März 1845 außerordentliches, nach dem Tod des Vaters

ordentliches Mitglied der Regierung, 1854-58 Vorsitzender des Konsistoriums, † 18.7.1873 in Detmold (Heldmann, S.143).
119. *Heldmann*, Theodor, *26.1.1801 in Lemgo als Sohn des Bürgermeisters Carl Albert Heldmann, 1819 stud. iur. in Göttingen. 1822 Advokat in Lage, 1836 Amtmann in Oerlinghausen, 1838 Landtagsabgeordneter, im März 1848 in die Regierung berufen, 1868 Präsident, † 16.12.1872 (Heldmann, S.145).
120. *Meyer*, Bernhard, *10.8.1802 als Sohn des früheren Gutspächters Meyer, stud. iur. in Heidelberg, Jena, Berlin, 1834 Auditor beim Amt Detmold, 1835 Syndikus u. Anwalt in Horn, 1836 Landtagsabegordneter, 1849 Regierungsrat, 1879 Geh. Oberregierungsrat, † 26.10.1886. (Heldmann, S.150).
121. StA Detmold D 75 III. Abt. 1 Nr.3 (Reorganisation der Verfassung 1853: dieser Vorgang und die folgenden Zitate).
122. StA Detmold D 75 III. Abt. 1 Nr.4.
123. Theodor Heldmann, Die Stellung der Regierungsmitglieder. In: Lipp. Mitteilungen 11 (1921), S.119 f.
124. Erich Kittel, Geschichte des Landes Lippe, S.212.
125. StA Detmold D 72 Nachlaß von Meien, Brief 33 (siehe Anhang).
126. Fürstl. Lipp. Reg.- u. Anzeigeblatt 1857, Nr.49, S.807.
127. Vgl. die Fußnoten zum Anschreibebuch 4,5,7,8,49.
128. StA Detmold D 72 Nachlaß von Meien (vollständige Familienbriefe: siehe Anhang).
129. Angaben über die Familie nach: Taschenbuch der Briefadeligen Häuser, 1. Jhg. Gotha 1907, S.521 f.
130. StA Detmold D 9 Detmold 1 Nr.951, Schulprogramme des Gymnasiums.
131. Bismarck, Gedanken und Erinnerungen, Stuttgart o.J., S.132 f; Bismarck erwähnt hier auch "ein gewisses Wohlwollen" der Prinzessin "für die katholische Sache" und das Anziehende des "fremdartigen Katholizismus" für gewisse Hofkreise.
132. Lipp. Literaturarchiv, Sammlung Nr.11.
133. StA Detmold D 72 Nachlaß von Meien, Brief 31 (siehe Anhang).
134. StA Detmold D 72 Nachlaß von Meien, Brief 22 (siehe Anhang).
135. Lipp. Literaturarchiv Sammlung 11 Nr.1.
136. StA Detmold D 9 Detmold 1 Nr.951.
137. Norbert Hohaus, Recycling Anno 1832, Einige Brocken Schulgeschichte. In: Jahresschrift 1989/90 des Gymnasiums Leopoldinum, S.25 f.
138. StA Detmold D 9 Detmold 1 Nr. 423.
139. Lipp. Literaturarchiv Sammlung 11 Nr.1.
140. StA Detmold L 108 Amt Schötmar Fach 2 Nr.26 Bd.2.
141. Grabbe: Werke Bd.V, S.109 f.

142. Ebd. S.111.
143. StA Detmold L 77 Nr.190
144. StA Detmold D 72 Nachlaß von Meien, Brief 20, (siehe Anhang).
145. Ebd.
146. Clemens Großjohann, Festschrift zur 50jährigen Jubelfeier des Lippischen Sängerbundes, Detmold 1925, S.23.
147. Lipp. Literaturarchiv Sammlung 11 Nr.1.
148. StA Detmold D 72 Emmighausen, Begebenheiten, 7. Juni 1830.
149. StA Detmold D 9 Detmold Nr.951 Schulprogramme.
150. StA Detmold L 77c C II Militär-Collegium Fach 10 Nr.10 (Akten Theodor von Meien).
151. StA Detmold L 77c C II Militär-Collegium Fach 10 Nr.10, S.14 ff.
152. StA Detmold D 72 Nachlaß von Meien, Brief 14 (siehe Anhang).
153. Brief vom 10.9.1840 im Besitz des Verfassers (siehe Anhang).
154. Hans von Dewall, Offizier-Ranglisten des ehemaligen Füsilier-Bataillons Lippe von 1807-1867. In: Lipp. Mitteilungen 32 (1963), S.133 f.
155. StA Detmold L 77c C II Fach 10 Nr.10.
156. StA Detmold D 72 Nachlaß von Meien, Brief 23 (siehe Anhang).
157. StA Detmold L 77c C II Fach 10 Nr.10.
158. Hans von Dewall, Offizier-Ranglisten, S.146 f.
159. StA Detmold D 75 VIII Abt.1, Nr.1 (Militärschule). Siehe auch: Hans von Dewall, Kurzer Abriß der Lippischen Militärgeschichte. In: Lipp. Mitteilungen 31 (1962), S.97.
160. Lipp. Literaturarchiv Sammlung 11 Nr.1.
161. StA Detmold D 9 Detmold 1 Nr.343 (Schülerlisten Leopoldinum).
162. StA Detmold D 72 Morsbach (Genealogie Caesar / Briefe).
163. StA Detmold D 72 Nachlaß von Meien, Brief 21 (siehe Anhang).
164. Brief im Besitz des Verfassers, (siehe Anhang).
165. StA Detmold L 92 B X Tit.VI Nr.3 Bd.II B1.59.
166. Lipp. Literaturarchiv Sammlung 11. Nr.1.
167. StA Detmold D 9 Detmold 1 Nr.348 (Zeugnisse).
168. Ebd. Nr.951 (Schulprogramme).
169. Ebd. Nr.423 (Beurteilungs-Konzepte).
170. Ebd.
171. Ferdinand Brune, 1803-1857, Fürstl. lipp. Hofbaurat.
172. StA Detmold D 72 Nachlaß von Meien, Brief 24 (siehe Anhang).
173. StA Detmold D 72 Nachlaß von Meien, Brief 25 (siehe Anhang).
174. StA Detmold D 72 Nachlaß von Meien, Brief 28 (siehe Anhang).
175. Gerhard Peters, Baugeschichte der Stadt Detmold, S.202. In: Geschichte der Stadt Detmold, Detmold 1953, S.182 ff.

176. Ferdinand Ludwig August Merckel, * 4.7.1808 in Detmold, † 24.12.1893, zuletzt Domänenbaurat.
177. Alfred Bergmann, Beiträge zur Geschichte der lippischen Familie Merckel, S.166 f. In: Lipp. Mitteilungen 32 (1963), S.154 f.
178. Gerhard Peters, Das fürstliche Palais in Detmold, Detmold 1984, S.126 f. (Sonderveröffentlichungen).
179. Gerhard Peters, Baugeschichte der Stadt Detmold, S.212.
180. u.a. Leopold Karl Emil, *Detmold 2. Juli 1866, † Exten 19. Januar 1901, Herr auf Exten, Fürstl. Lipp. Kammerrat.
181. Wilhelm Carl Theodor, * Detmold 18. April 1868, Herr auf Exten, preuß. Major a.D. Brieffragment (ohne Datum) in Privatbesitz.
182. Fürstl. Lipp. Regierungs- und Anzeigeblatt Nr.256, 3.November 1875.
183. Gerhard Bonwetsch, Hundert Jahre höhere Mädchenbildung in Detmold, 1830 - 1930 (Detmold 1930), diese und weitere Angaben über die Töchterschule in Detmold.
184. Luise Koppen, Fürstin Elisabeth, Detmold 1897, S.29.
185. Brief im Besitz des Verfassers (siehe Anhang).
186. StA Detmold L 77 Nr.1386.
187. StA Detmold L 77 Nr. 1387.
188. StA Detmold L 77 Nr.1390.
189. Lipp. Literaturarchiv Sammlung 11 Nr.1.
190. StA Detmold D 9 Detmold 1 Nr.951, Schulprogramme.
191. StA Detmold D 72 Nachlaß von Meien, Brief 6.
192. Freiligraths Briefwechsel, S. 69.
193. Programm des Gymnasiums Leopoldinum Detmold 1846.
194. StA Detmold L 75 A VIII.Abt. 1 d Nr.6 (Debitverfahren).
195. Friedrich August Hornhardt, *8. März 1791 auf Gut Borkhausen im Amt Schieder, seit 1.1.1842 Hauptmann der Schutzwache, nach Umwandlung zum Gendarmeriekorps 1846 dessen Kommandant; 1859 Major, 31.12.1862 im Ruhestand; gest. 31. Januar 1865 auf Gut Freismissen / Blomberg. Vgl.: Gerd Stolz, Das fürstlich lippische Gendarmerie-Korps 1842-1919. In: Lipp. Mitteilungen 11 (1921), S.119 f.
196. StA Detmold L 75 VIII.Abt. 1 d Nr.6 (Debitverfahren).
197. Verdenhalven, Kneipiers. In: Lipp. Mitteilungen 52 (1983), S.163.
198. Louise von Meien war am 2. Mai 1862 auf Gut Exten gestorben.
199. Friedrich Verdenhalven, Die Auswanderer aus dem Fürstentum Lippe. (=Sonderveröffentlichungen des NHV Bd.30) Detmold 1980, S.12.
200. StA Detmold L 92 B X Tit.VI. Nr.3 Bd.II B1 59.
201. Verdenhalven, ebd. S.75: Gottlieb Wilhelm Ernst August Christian Oskar von Meien, Ökonom, wandert nach Algerien aus (11.7.1863); ebd.

S.86: Georg Carl Constantin von Meien, Kaufmann, wandert nach Brasilien aus (12.1.1867).
202. Gothaisches Genealogisches Taschenbuch der Adeligen Häuser, Alter Adel und Briefadel, Gotha 1923, S.432 f.
203. Ebd.
204. Bei der Wiedergabe der Briefe sind gängige Abkürzungen ausgeschrieben. Die Interpunktion und die Rechtschreibung sind beibehalten, da sie jeweils charakteristisch für die Verfasser erscheinen.
205. Lippische Offiziersanwärter besuchten zur weiteren Ausbildung die Königl. Preuß. Divisionsschule in Münster/Westf.
206. Das 13. Infanterieregiment, das 11. Husarenregiment und die 7. Artillerie-Brigade gehörten zum VII. Armee-Corps.
207. *von Wrangel*, Friedrich Heinrich Ernst (1784-1877), 1834 Kommmandeur der 13. Division in Münster, 1839 Komm. General des I. Armeekorps, 1848 Oberbefehl der preuß. Truppen u. der Bundestruppen in Schleswig-Holstein; 1848 in Berlin, Wiederherstellung der "Autorität"; 1856 preuß. Generalfeldmarschall.
208. *Oberst von Björnstjerna* kommandierte 1836 das 13. Infanterie-Regiment in Münster, Björnstjerna, Magnus Graf von, (1779-1847), Schwed. Militär, Diplomat und Schriftsteller, 1826 Graf, 1843 General, 1828-46 Gesandter in London.
209. "in Commis gehen": in einfacher Uniform ohne Montierungen.
210. *Julius von Meien* hatte am 2.4.1839 Therese Münch geheiratet.
211. Knipperdolling: Wiedertäufer in Münster, 1534 Bürgermeister, dann Statthalter und Scharfrichter; 1536 hingerichtet u. am Lambertiturm im Käfig aufgehängt.
212. *von Pestel:* Ein von Pestel war 1837 Regierungsrat in Münster, ein Bruder Kgl. Oberpräsident der preuß. Rheinprovinz, ein weiterer Bruder preuß. Oberst († 1827).
213. *Kellner:*, Friedrich Theodor, (1815-73, studierte zusammen mit Theodor: 1839/40 Divisionsschule in Münster, 1840 Allg. Kriegsschule in Berlin, später Hauptmann und Kompaniechef im Bataillon Lippe.
214. *Reineke:* Gustav Hermann Friedrich, (1802-45), 1836 Premier-Lieutnant im Bataillon Lippe.
215. In Koblenz ist der Bruder Julius von Meien stationiert.
216. Kellner: siehe Brief vom 14.7.1839.
217. Wer den Auswanderungsconsens erhielt, verlor die Staatsbürgerschaft mit allen daraus resultierenden Rechten und Pflichten. Zu der von August gestellten dienstlichen Anfrage erschien wenige Monate später eine amtliche Regelung.

218. Steffen, Johann Conrad (*1794, † 1867); Militärkassenrendant, Kompaniechef beim Bataillon Lippe.
219. von Duesberg, Franz (*1793-1872), 1846 preuß. Finanzminister, 1850 Oberpräsident der Provinz Westfalen.
220. Vermehrungshäuschen: die Orangerie.
221. Fränzel: Gärtner auf Gut Exten.
222. Conrad: Lose stand im Dienste von Meiens (s.o.)

Benutzte ungedruckte Quellen, Werkausgaben, Briefwechsel

Fürstlich-Lippischer Kalender auf das Schalt-Jahr Christi 1832, Lemgo Meyersche Hofbuchdruckerei 1832

Briefe an/von Regierungsrat von Meien im Besitz des Verfassers (oder in anderem Privatbesitz)

Lippisches Literaturarchiv Sammlung 11 (von Meien)

Fürstlich Lippisches Regierungs- und Anzeigeblatt, verschiedene Jahrgänge
Fürstlich Lippisches Intelligenzblatt / Vaterländische Blätter, verschiedene Jahrgänge

Schulprogramme Gymnasium Leopoldinum, Archiv Gymnasium Detmold, verschiedene Jahrgänge.

Christian Dietrich Grabbe. Werke und Briefe. Historisch-kritische Ausgabe in sechs Bänden. Hrsg. von der Akademie der Wissenschaften zu Göttingen. Bearbeitet von Alfred Bergmann, Emsdetten 1960-1973. (In den Anmerkungen zitiert: "Grabbe: Werke")

Ferdinand Freiligraths Briefwechsel mit der Familie Clostermeier in Detmold. Im Auftrage der Grabbe-Gesellschaft herausgegeben von Alfred Bergmann, Detmold 1953

Ausgewertete Quellen aus dem NW Staatsarchiv Detmold (in den Anmerkungen abgekürzt: StA Detmold):

D 9   Detmold 1 Nr.0343 (Schülerlisten Leopoldinum)
D 9   Detmold 1 Nr.0348-50 (Zeugnisse und Konzepte)
D 9   Detmold 1 Nr.0423 (Zeugniskonzepte)
D 9   Detmold 1 Nr.0425 (Prüfungsakten)
D 9   Detmold 1 Nr.0931 (Schulprogramme Leopoldinum)
D 72 Nachlaß von Meien (Briefe)
D 72 Emmighausen Nr.1,2 (Chronik der Stadt Detmold 1801-1846)
D 72 Heldmann III A 2 e (Haushaltsbuch)

D 72 Morsbach (Familie Caesar)
D 75 III. Abt. 1 Nr.3,4 (Reorganisation der Verfassung)
D 75 VIII. Abt., Nr.1 (Militärschule)
L 75 VIII. Abt. 1 d Fach Nr.6 u. 7 (Debitverfahren Friedrich von Meien)
L 75 II. Abt. 6 Nr.30 (Adelsbrief)
D 77 A Nr190 (Anstellung August von Meien / Lage)
L 77 A Nr.1524 (Personalakte Christian von Meien)
L 77 A Nr. 2741 (Darlehen Militärkasse an von Meien/ Hauskauf)
L 77 A Nr. 5783 (Darlehen Irrenkasse an von Meien)
L 77 c C II Militair-Collegium Fach 10 (Theodor von Meien)
L 92 B X Tit. II Nr.1 (Meierei Hellinghausen / Vermessung)
L 92 B X Tit. Vi Nr.3 Bd.I.II. (Hellinghausen / Vererbpachtung)
L 108 Amt Schötmar, Fach 2 Nr.26 Bd.2 (Personalakte August von Meien)
L 101 C I Stadt Detmold Nr.8
D 106 Detmold Nr.7, Bl.8

Literatur

Barmeyer, Heide: Zur geistig-kulturellen Situation Lippes im Vormärz. In: Lippische Mitteilungen 54 (1985), S.109ff.
Bergmann, Alfred: Die Glaubwürdigkeit der Zeugnisse für den Lebensgang und Charakter Christian Dietrich Grabbes. Eine quellenkritische Untersuchung, = Germanische Studien Heft 137, Berlin 1933.
Bergmann, Alfred: Christ. Dietr. Grabbe. 1801-1836. Sein Leben in Bildern, Leipzig 1936.
Bergmann, Alfred: Christian Dietrich Grabbe. Chronik seines Lebens, Detmold 1954.
Bergmann, Alfred: Beiträge zur Geschichte der lippischen Familie Merckel. In: Lippische Mitteilungen 32 (1963), S.154.
Bismarck, Otto von: Gedanken und Erinnerungen, Stuttgart o.J.
Bonwetsch, Gerhard: Hundert Jahre höhere Mädchenbildung in Detmold, 1830-1930 (Detmold 1930).
Butterwek, Wilhelm: Die Geschichte der Lippischen Landeskirche, Schötmar 1926.
von Dewall, Hans: Offizier-Ranglisten des ehemaligen Füsilier-Bataillons Lippe. In: Lippische Mitteilungen 32 (1963), S.133ff.
von Dewall, Hans: Die lippischen Offiziere im Reichskontingent und im Füsilier-Bataillon Lippe bis zu dessen Auflösung im Jahr 1867. In: Beiträge zur westfälischen Familienforschung Bd.21 (1963), S.38ff.
Duller, Eduard: Grabbe's Leben. In: Grabbe, "Die Hermannsschlacht", Düsseldorf 1838, Faksimile-Druck, Detmold 1977.
Ehrlich, Lothar: Christian Dietrich Grabbe, Leben und Werk. Leipzig 1986.
Eisenhardt, Georg: Zum Leben der "feinen Leute" in Detmold, in: Lippe im Vormärz, Hrsg. Erhard Wiersing, Bielefeld 1990, S.218-252.
Gothaisches genealogisches Taschenbuch der Adeligen Häuser. Alter Adel und Briefadel. 17 Jhg. Gotha 1923, S.432 f.
Taschenbuch der Briefadeligen Häuser 1. Jhg. Gotha 1907, S.521
Grossjohann, Clemens: Festschrift der 50jährigen Jubelfeier des Lippischen Sängerbundes, Detmold 1925.
Heil, Georg: Der lippische Weserhafen Erder und die lippische Weserschiffahrt, 1983.
Heldmann, Theodor: Die Stellung der Regierungsmitglieder zur Aufhebung des Wahlgesetzes von 1849 und ihre Folgen. In: Lippische Mitteilungen 11. Detmold (1921), S.119ff.
Kiewning, Hans: Fürstin Pauline Zur Lippe. 1769-1820, Detmold 1930.
Kirchhof, Bruno: Die Ressource zu Detmold, Detmold o.J. [1954].

Kittel, Erich: Geschichte des Landes Lippe, Köln 1978.
Kittel, Ingeborg: Der Umfang des Gemeindebezirks Neustadt Detmold. In: Lippische Mitteilungen 53 (1984) S.147ff.
Koppen, Luise: Fürstin Elisabeth. Detmold 1897.
Lippisches Geschlechterbuch XXXVIII, Nr.72.
Peters, Gerhard: Baugeschichte der Stadt Detmold. In: Geschichte der Stadt Detmold. (Sonderveröffentlichungen des NHV, Bd.10). Detmold 1953, S.182ff.
Peters, Gerhard: Das fürstliche Palais in Detmold, Detmold 1984. (Sonderveröffentlichungen 34).
Staercke, Max: Menschen vom lippischen Boden. Lebensbilder. Detmold 1936.
Stolz, Gerd: Das fürstlich lippische Gendarmerie-Korps 1842-1919. In: Lippische Mitteilungen 11 (1921), S.119ff.
Süvern, Wilhelm: Moritz Leopold Petri. In: Lippische Mitteilungen 43 (1974), S.167ff.
Verdenhalven, Fritz: Bürgerbuch der Stadt Detmold, Detmold 1977 (Lippische Geschichtsquellen, Bd.7).
Verdenhalven, Fritz: Detmolds Einwohner im Jahr 1828, Detmold 1983.
Verdenhalven, Fritz: Die Auswanderer aus dem Fürstentum Lippe, Detmold 1980 (Sonderveröffentlichungen des NHV, 30).
Verdenhalven, Fritz: Kneipiers, Pieselwirte und Schlummerväter im Detmold des 19. Jahrhunderts. In: Lippische Mitteilungen 52 (1983), S.135ff.
Verdenhalven, Fritz: Reinlichkeitsbewußtsein und Hygiene im Detmold des 19. Jahhunderts. In: Lippische Mitteilungen 53 (1984), S.291ff.
Wiersing, Erhard (Hrsg.): Lippe im Vormärz, Bielefeld 1990 (Sonderveröffentlichungen des NHV, 35).
Wysocki, Josef u. Wehrmann, Volker: Lippe Leben — Arbeit — Geld 1786 - 1986, Detmold 1986.
Ziegler, Karl: Grabbe's Leben und Charakter, Hamburg 1855. Neudruck Detmold 1984.

Editorische Anmerkung

Durch das plötzliche Ableben des Verfassers vor der Drucklegung dieses Bandes war es in einigen Fällen nicht mehr möglich, noch unvollständige Angaben in den Anmerkungen zum transkribierten Anschreibebuch von Meiens (S. 11-34) zu ergänzen.

Für ihre Hilfe bei der Korrektur ist der Verlag den Herren Dr. Werner Broer und Dr. Hermann Niebuhr zu Dank verpflichtet.

Abb. 1: Das Haus Hornsche Straße Nr. 1 (1865) vor dem Umbau
(Foto: NW Staatsarchiv Detmold)

Abb. 2: Detmold, Ansicht vom Garten des Regierungsrates v. Meien
(Zeitgenöss. Steindruck von Herle in Paderborn, Verlagsarchiv)

Abb. 3: Pauline, Fürstin zur Lippe (1769 - 1820)
(Foto: NW Staatsarchiv Detmold)

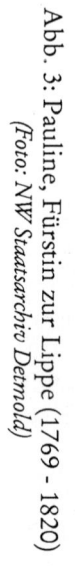

Abb. 4: Leopold II., Fürst zur Lippe (1796 - 1851)
(Foto: NW Staatsarchiv Detmold)

Abb. 5: Los für den Bau des Hauses Allee Nr. 1 (1819)
(Foto: NW Staatsarchiv Detmold)

Abb. 6: Christian Dietrich Grabbe (1801 - 1836) (Zeichnung von Wilhelm Pero, 1836. Original im Wallraff-Richartz-Museum in Köln, Verlagsarchiv)

Abb. 7: Lippischer Auditeur (rechts) mit Arzt und Offizier auf dem Schloßhof in Detmold (Foto: NW Staatsarchiv Detmold)

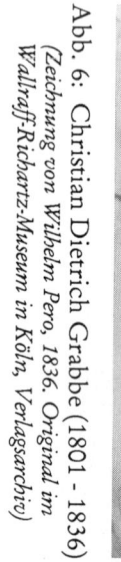

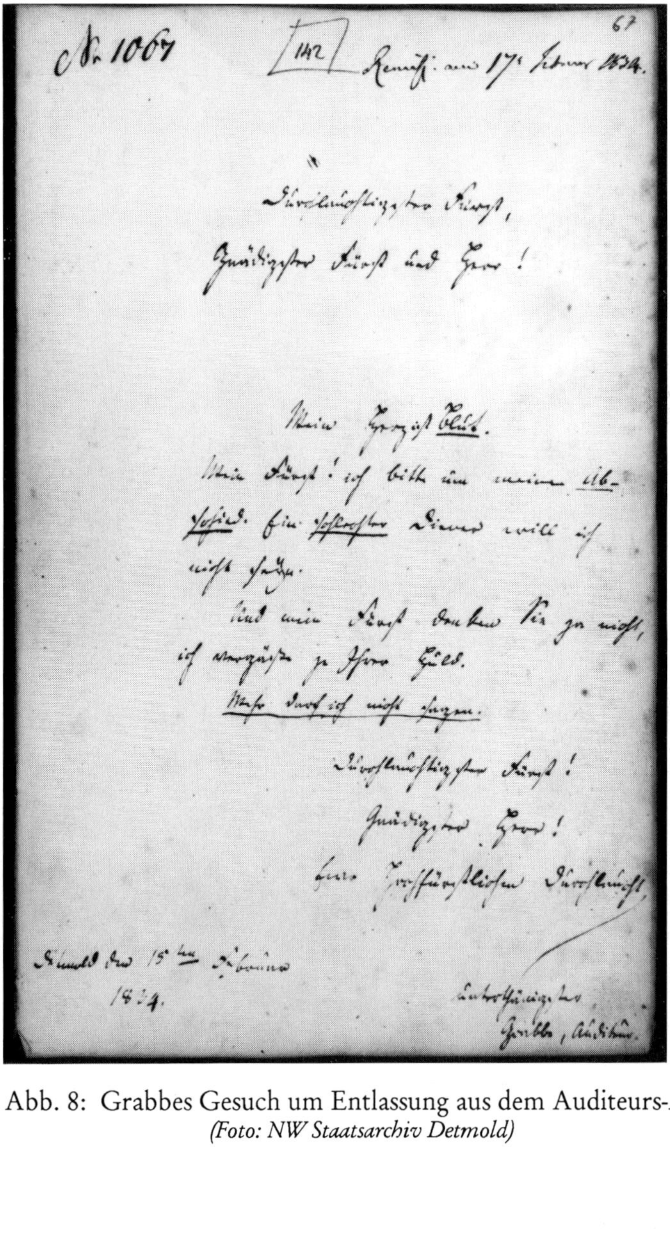

No 1067 142 Praes. am 17t Februar 1834. 67

Durchlauchtigster Fürst,

Gnädigster Fürst und Herr!

Mein Herz ist Blut.

Mein Fürst! ich bitte um meinen Abschied. Ein schlechter Diener will ich nicht seyn.

Und mein Fürst denken Sie ja nicht, ich vergäße je Ihrer Huld.

Mehr darf ich nicht sagen.

Durchlauchtigster Fürst!

Gnädigster Herr!

Euer Hochfürstlichen Durchlaucht

Detmold den 15ten Februar 1834.

unterthänigster Grabbe, Auditeur.

Abb. 8: Grabbes Gesuch um Entlassung aus dem Auditeurs-Amt
(Foto: NW Staatsarchiv Detmold)

Abb. 9: Moritz Leopold Petri (1802 - 1873)
*(Ölgemälde, wahrscheinlich von T. Walther, 1839.
Foto: NW Staatsarchiv Detmold)*

Abb. 10: Amtsrat August von Meien (1814 - 1900)
(Foto: Institut für Lippische Landeskunde, Detmold)

Abb. 11: Hofbaurat Wilhelm von Meien (1828 - 1875)
(Foto: NW Staatsarchiv Detmold)